우리는 지금도 야생을 산다

IN SEARCH OF NATURE

by Edward O. Wilson

에드워드 윌슨

최재천, 김길원 옮김

우리는 지금도 야생을 산다

In Search of Nature

인간 본성의 근원을 찾아서

사이언스북스
SCIENCE BOOKS

윌슨 선생님의 뒤를 따르며

나는 서울 대학교에서는 '인간 본성의 과학적 이해', 그리고 연세 대학교에서는 '생명 윤리와 인간 본성'이라는 교양 과목을 가르쳤다. 둘 다 참으로 거창한 제목들이다. 둘 다 '인간 본성(human nature)'이라는 주제를 담고 있지만, 나는 자꾸만 '자연(nature)'으로 학생들을 내몬다. 자연 속에 인간이 있다고 믿기 때문이다. 자연이 곧 인간 본성이라고 믿기 때문이다.

'네이처(nature)'라는 말을 영한사전에 찾아보면 다음과 같은 해설들이 나온다. 우선 "(인간·동물·사물 따위의) 본질, 천성, 본성"을 시작으로 "(인간·문명을 제외한, 있는 그대로의) 자연, 자연계"와 "(특히, 인간을 둘러싸고 인간의 활동과는 관계없이 존재하는) 물질계" 등을 담고 있다. 그런가 하면 "(온갖 현상을 포함하여) 전(全) 우주, 전 세계"라는 해설도 있는 것으로 보아 사전도 '인간'과 '자연' 사이에서 '네이처'를 어디에 둬야 할지 조금은 혼란스러워 하는 것 같다. 그 애매한 토끼들을 윌슨 선생님은 평생을 두고 쫓아다녔다. 이 책에는 그런 선생님의 '사냥 수기'들이 담겨 있다.

여러 해 전 어느 월간지에서 '개성파 글쟁이 7인의 글쓰기 노하우'라는 특별 기획을 마련하며 이윤기, 김용택, 김병종, 정은숙, 김영하 등 진짜 글쟁이들 숲에 딱딱한 자연 과학을 하는 나를 포함시켜 준 적이 있다. 참으로 몸 둘 바를 모를 일이었지만, 스스로 자기 글쓰기에 대해 한마디 하라기에 다음과 같은 고백을 했다. 미국에서의 오랜 과학 교육 때문에 어쩌면 문학 소년 시절 조금이라도 가지고 있었을 문학적 감성은 잃었을지 모르나 그 대신 간결함과 명확함을 얻었다고.

이 책에 담겨 있는 윌슨 선생님의 글들을 우리말로 옮기며 나는 내 글이 상당 부분 선생님의 글을 흉내내고 있다는 걸 깨달았다. 얼마 전 우리 곁을 떠난 하버드 대학교의 고생물학자 스티븐 제이 굴드는 크고 화려한 붓을 휘두르는 글쟁이였다. 그러나 그는 종종 서평가들로부터 그가 도대체 무슨 말을 하려는 것인지 모르겠다는 비판을 듣곤 했다. 자신의 박식함을 알리는 데 급급한 나머지 종종 글쓰기의 본분을 잊는다는 지적이다. 반면 서평가들은 "윌슨의 글을 읽고 난 다음 '그래서 그가 무슨 이야기를 하려 했느냐'를 묻는 사람은 아무도 없다."라고 말한다.

나는 윌슨 선생님에게 글공부를 사사한 적은 없다. 사실 그렇

우리는 지금도 야생을 산다

게 따지면 선생님이 내 논문들을 그렇게 많이 읽고 고쳐 주신 것도 아니다. 물론 그 전에 검토해 주시긴 했지만 내 박사 학위 논문 최종본을 맨 뒷장에 "계속 정진하길!"이라는 짤막한 격려사를 제외하고 구김 하나 없이 되돌려 받은 기억은 지금도 씁쓸하다. 나는 그걸 맨 뒷장만 뜯어내고 다른 심사 위원 교수님께 드렸다. 그렇기는 해도 아마 윌슨 선생님 곁에서 거의 10년을 보내며 그의 글쓰기 색깔에 나도 모르게 조금은 물이 들었나 보다.

윌슨 선생님이 처음부터 글재주가 있었던 것은 아닌지도 모른다. 선생님은 하버드 대학교의 교수가 된 다음 과학자야말로 효과적인 글 솜씨가 필요한 사람이라고 생각하여 따로 댁에서 가정교사를 두고 글쓰기 '과외'를 받은 사람이다. 모든 일에 최선을 다하는 선생님의 모습이 또 한 번 엿보이는 일이기도 하고, 글 솜씨도 노력하면 늘 수 있다는 사실을 보여 주는 좋은 예이기도 하다. 이 책을 읽는 우리 독자들에게 훌륭한 귀감이 되리라 믿는다.

그 동안 윌슨 선생님의 책은 퍽 여러 권 우리말로 번역되었다. 어쩌다 보니 이 책이 내가 번역한 첫 윌슨 선생님 책이다. 제자로서 영 면목이 없는 일이지만, 이 책을 처음으로 번역하게 된 것은 다행스러운 일이다. 선생님의 다른 어떤 책들보다도 훨씬 선생님의 참 모습을 엿볼 수 있는 책이기 때문이다. 각 장마다 자연과 인간을 바라보는 선생님의 철학이 따뜻하게 묻어난다. 독자들도 나처럼 은근히 물들 것이다.

함께 책을 번역한 김길원 교수에게 진심으로 고마움을 전한

윌슨 선생님의 뒤를 따르며

다. 그는 참으로 바지런한 사람이다. 그의 바지런함 덕에 무사히 번역을 마칠 수 있었음을 고백한다. 원래 바다출판사에서 출간되었던 책을 이번에 ㈜사이언스북스에서 다시 낼 수 있게 되어 무척 기쁘다. 책도 나름의 삶을 지녀 어떤 책은 시간이 흐르면 읽기 부담스러운 책이 있다. 그러나 이 책은 아무리 세월이 흘러도 여전히 진한 감흥을 전달할 그런 책이다.

인간은 너무나 오랫동안 마지 자연의 일부가 아닌 상 살아 왔다. '네이처'를 찾아 나서는 여행은 생물학자만이 하는 게 아니다. 우리 모두가 평생 하는 일이다. 그런 줄 모르고 살 뿐이다. 이 책을 통해 다시 한 번 나를, 그리고 자연을 돌아볼 수 있게 되기를 바란다.

최재천(이화여자대학교 에코과학부 교수/국립생태원 원장)

우리는 지금도 야생을 산다

본성을 찾아서

'사회 생물학의 창시자', '생물 다양성의 아버지', '20세기의 가장 영향력 있는 과학자 중 한 명'으로 불리는 에드워드 윌슨은 반세기 이상 동물과 인간의 행동과 생태를 연구하고 있다. 이 책은 그의 연구 업적과 학자적 통찰을 넓은 범위에 걸쳐서 엮어 내고 있는 자연 과학 수필집이다.

그는 자연의 야생적 본능이라는 실과 인간의 본성의 실을 섞어서 마치 옷을 짜고 있는 듯하다. 이 모두가 진화의 산물이라는 관점에서 이 둘을 함께 베틀 위에 올려놓고 면밀하게 엮어 가고 있는 것이다. 그는 인간 행동을 오랜 시간을 거쳐서 진화해 온 유전과 문화적 변화의 결합에 만들어 낸 산물로 보고 있는 것이다. 『우리는 지금도 야생을 산다』는 우리가 단지 인간의 본성을 이해하게 하는 것을 넘어서 우리의 미래를 이해하고 준비하는 깊은 사고에 빠지게 만든다.

윌슨 교수는 평범해서 오히려 접근이 어려울지도 모르는 두 가지 개념에 관한 것을 이야기하겠다며 서문을 시작한다. 첫 번째 것은 우리의 간섭이나 능력 밖의 것이며 불변하는 것이라고 우리가 생각하고 있는 본능에 관한 것이다. 두 번째 것은 인류가 아주 초기에 존재했던 방식이고, 종족을 나누는 민족적 풍습이나 언어처럼 확실하게 한 생물종에게 개성을 부여하는 그런 감각적, 감정적 능력인 인간 본성에 관한 것이다.

윌슨 교수는 생물들의 멸종의 통해 무차별적으로 감소하고 있는 생물 다양성의 감소가 가져다줄 위험성에 대해서도 우리에게 경고하고 있다. 그는 개미나 상어 등 많은 생물 종의 중요성을 토론하면서 경계가 없는 자연의 본성을 견고한 실험적 증거와 명료한 사고를 바탕으로 과학적이면서 동시에 문학적으로 표현하고 있다. 세계적으로 많은 대중들과 학자들에게 경이로움과 논쟁을 불러왔던 윌슨 교수의 이론이 이 책을 통해서 가장 이해되기 쉬운 형태로 표현되어 있다는 평가를 받고 있다.

이 책은 읽는 사람들로 하여금 자연을 사랑하는 마음과 새로운 사상적 접근에 대한 경이로움에 빠져들게 할 것이다. 작은 무척추동물들의 세계와 그들이 사회생활을 꾸려 나가는 모습들을 이야기한다. 자연의 생명체들을 바라보는 시각에 풍부함을 더해 주고 더 많은 애정과 이해를 갖게 만든다. 무심코 밟고 지나갈 수 있는, 그래서 수십 마리쯤은 아무 생각 없이 뭉개 버릴 수도 있는 생물체들의 세계에 대한 이야기뿐만 아니라, 인간의 본성과 우리 스스로의 행동에 대해서 말하고 있다.

열정적이고 경이로운 생물학의 연구 결과들을 덜 전문적인 어투로 담아내며 강한 주장을 애써 숨기면서, 윌슨 교수는 생명을 바라보는 그의 논리를 대중을 향해 쏟아 내고 있다. 우리에게는 아주 복잡하게 느껴지는 인간의 행동까지도 우아하고 명료한 필체로 분석한다. 비교적 짧은 분량이지만 그의 학자적 생애 동안의 비상한 지성을 적극적으로 포함시키면서 청소년과 대중이 이해할 수 있는 형태로 표현하고 있다.

우리 스스로가 숨 쉬고 먹고 마시며 인생을 살다 죽어 가기 때문에 우리는 우리가 생명의 주체라는 것을 의심해 본 적이 없다. 하지만 생명체란 태어나서 일정 기간을 보낸 다음 어김없이 사라지는 존재일 뿐이다. 이에 비하면 태초에서 지금까지 면면이 명맥을 유지해 온 DNA야말로 진정한 생명의 주체이다. 그래서 『이기적 유전자』를 쓴 리처드 도킨스는 DNA를 '불멸의 나선'이라고 부르고 생명체는 그저 '생존 기계'라고 일컫는다.

유전자의 눈높이에서 생명을 바라보는 이 새로운 관점에, 사랑, 윤리, 자기희생, 종교 등 인간만이 갖고 있을 법한 특성들조차 인류의 진화사를 통해 어떤 방식으로든 번식을 도와 왔기 때문에 오늘날까지 우리 속에 남아 있다는 것이다. 번식을 돕는 성향을 조절하는 유전자는 그만큼 더 많은 복제자를 후세에 남겼을

것이고 또 그래서 그 성향이 세대를 거듭할수록 더 많이 발현된
다는, 언뜻 생각하면 꼬리에 꼬리를 무는 듯한 지극히 간단한 논
리만 이해하면 금방 새로운 세계가 열린다.

또한 작은 생명체들이 그들의 사회 조직 속에서 어떻게 살아
가는지 이해하게 될 것이다. 이런 내용들은 우리에게 캠페인성
환경 보호 운동이 주는 의식이 아닌, 환경의 중요성과 생명의 존
엄성에 대한 윌슨 교수의 '생명 애착(Biophilia)' 정신을 진지하게
생각하게 할 것이다.

김길원(인천 대학교 생명과학부 교수)

과학적 자연주의자의
눈으로 본 인간

이 책에 담긴 세계관은 한마디로 과학적 자연주의다. 현재 우리 세계에는 인간에 대한 세 가지 서로 다른 철학적 관점이 공존하고 있다. 첫째는 인간을 신의 창조물로 보는 관점으로 유대교와 기독교, 이슬람교 전통 속에서 경전과 성직자들의 노력을 통해 이어지고 있다. 두 번째는 스러져 가고 있는 사회주의 국가들이 좋아했던 전통적인 행동주의 관점이다. 그들은 마음이란 역사의 틀 안에서 진화해 온 문화 속에서 거의 전적으로 학습된 결과라고 말한다.

이 둘은 모두 과학적 자연주의와 대립되는 관점들이다. 과학적 자연주의는 인간을 하등동물로부터 진화해 온 생물종으로서 특이하게 높은 지능을 갖추고 있는 존재로 간주하고 있으며, 지구라는 행성의 독특한 환경에 기막히도록 정확하게 적응한 유전적 본능의 표현인 감정을 지니고 있다고 본다. 이러한 과정을 통해 얻은 우리의 오랜 유산인 인간 본성은 종교적 신화의 왜곡된 견해와 우리를 옭아매는 전체주의 이념의 잘못된 강령으로부터 우리를 자유롭게 해 준다. 그러나 그와 동시에 인간 본성은 우리에게 자기 이해에 바탕을 둔 선택의 책임을 부여하기도 한다.

나는 이 책의 에세이들이 1975년부터 1993년까지 쓰인 것들이라서 의미하는 바가 더 크다고 생각한다. 한마디로 절박감을 표현하고 있는 것이다. 세계관의 갈등은 점점 더 심각한 지정학적 문제들을 일으키며 더 많은 고통과 죽음을 안겨 주고 있다. 아무런 생각 없이 세계 곳곳의 자연 환경이 파괴되고 있으며, 수백만 년을 버텨 온 종들이 절멸하고 있다. 인간 본성의 근원을 이해하고 다른 생명들을 지키려는 우리의 공동 목표를 향한 노력만 있으면 이 같은 문제들은 개선되고 해결될 수 있을 것이다.

나는 한국의 독자들과 이런 이야기를 나눌 수 있게 되어 대단히 기쁘다. 번역을 해 준 내 오랜 친구이자 동료 학자인 최재천 교수에게 고마움을 전한다.

매사추세츠 주 렉싱턴에서

2004년 6월 10일

자연을 찾아 인간을 찾아

1975년부터 1993년까지 쓴 이 에세이들은 두 가지 지극히 본 질적인, 그래서 조금은 모호한 개념들에 대해 논한 글이다. 그 첫 째는 자연(nature), 즉 우리를 넘어선 영원한 존재이며, 우리를 필 요로 하지도 않지만 우리가 속한 인간이라는 종의 요람이라고 생 각되는 세계이다. 둘째는 우리의 본질이자 태초에 우리가 시작된 모습이며, 언어와 관습이 우리를 서로 다른 종족들로 나눔에도 불구하고 모든 인류를 하나의 종으로 묶어 주는 감각과 감정의 영역을 포괄하는 인간 본성(human nature)이다.

이 에세이들의 주제는 한 마디로 자연과 인간 본성이 한데 엉켜 있다는 것이다. 이 둘 중 어느 하나라도 분명히 이해하려면 둘 다를 진화의 산물로 보고 함께 분석해야 한다. 그래야만 자연

사도 더 큰 의미를 갖게 되고 우리가 마구잡이로 감소시키고 있는 생명의 다양성도 더 높은 가치를 얻게 될 것이다. 또한 인간의 행동도 기록된 지 불과 1만 년밖에 되지 않은 역사 시대의 산물이 아니라 유전적, 문화적 변화가 한데 어우러져 창조해 낸 인간성의 보다 깊은 역사의 산물로 인식할 수 있을 것이다. 우리 자신을 이해하는 것은 물론, 우리의 미래를 보다 확고히 하기 위해서라도 이 같은 장기적인 안목은 반드시 필요하다.

매사추세츠 주 렉싱턴에서

우리는 지금도 야생을 산다

차례

동물 본성, 인간 본성

본성의 탐구

자연의 파노라마

동물 본성,
인간 본성

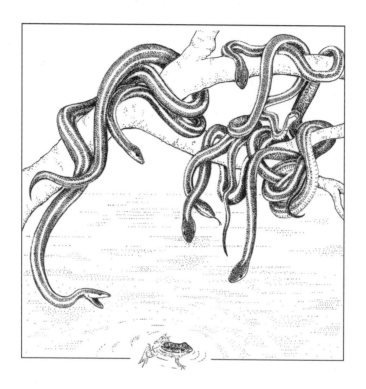

뱀의 변신

과학과 인문학, 생물학과 문화는 뱀에서 관찰되는 현상들에 의해 기묘하게 연결된다. 뱀의 이미지는 상징과 마법의 전조로 꾸며져 몽상이나 꿈에서 의식과 무의식의 세계를 쉽게 넘나든다. 예고 없이 나타나고 느닷없이 사라지며, 실제 존재하는 뱀에 대한 특정한 기억을 남기지 않으면서 보다 강력한 존재에 대한 막연한 공포를 남긴다.

이러한 뱀의 특색은 내가 살아오는 동안, 그리고 지금도 자주 꾸는 꿈속에서 생생하게 나타나는데 그 명백한 이유 몇 가지에 대해 이야기하려 한다.

나는 축축한 밀림 속 어둡게 그늘진 적막한 한 장소에 들어와 있음을 알게 된다. 이 침울한 세계 안으로 걸어 들어가는 동안 나는 홀로 버려진 듯한 기분에 사로잡힌다. 내 앞에는 비밀스럽고 고적한 동시에 꺼림칙한 미지의 세계의 가장자리가 놓여 있다. 아무튼 나는 거기에 가야 하는데 꿈을 꾸고 있는 동안은 아무런 이유도 생각나지 않는다. 느닷없이 뱀이 모습을 드러낸다. 그것은 평범한 파충류가 아닌 가공할 힘을 지닌 흉측한 존재다. 신화에 등장하는 프로테우스(변신술과 예언의 힘을 가진 그리스 신화 속에 등장하는 바다의 신―옮긴이)와 같은 모습으로 온몸에 갑옷을 두른 도저히 저항할 수 없는 존재다. 악의로 가득 찬 머리에서는 냉혹한 지성이 뿜어져 나온다. 그 광경을 바라보는 동안 구불구불한 근육질의 몸이 물속으로 미끄러져 들어가더니 거목을 지탱하는 뿌리 아래를 통과하여 늪의 둑 위로 기어오른다. 뱀(악마)은 어찌 되었건 저 어두운 곳의 망령이자, 심연으로 가는 통로의 파수꾼이다. 만약 내가 그것을 사로잡을 수 있다면, 혹은 통제할 수 있다면, 아니 그저 그것으로부터 벗어날 수만 있다고 해도 형용할 수 없는 엄청난 변화가 일어날 것 같은 느낌이 든다. 그런 변신에 대한 기대는 머나먼 고대에 존재했을 것 같은 알 수 없는 감정을 불러일으킨다. 막연히 느껴지는 공포는 예리한 칼날 혹은 높은 벼랑이 발산하는 그런 느낌이다. 뱀(악마)은 생명을 보장하는 동시에 생명을 위협하며, 매혹적인 동시에 위험하다. 이제 뱀은 내게 스르르 다가와 집요하게 공격할 기회를 노린다. 그리고 꿈은 또렷한 결론도 없이 엉거주춤 끝이 난다.

냉혈 파충류이며 악마적 환영인 뱀은 자연에 대한 우리의 복합적인 인식과 모든 생물에 내재된 매혹적인 아름다움을 보여 준다. 인간의 마음은 가장 치명적이고 불쾌한 생명체들에게조차 신비를 부여한다. 인간은 본능적으로 뱀에 대한 공포심을 가진다. 보다 정확하게 말하면, 인간은 생후 첫 5년 동안 이러한 공포심을 빠르고 쉽게 배우는 선천적 성향을 가지고 있다. 묘한 심리적 틀 안에서 형성되는 강렬하면서도 대립적인 이미지들은 공포에 사로잡힌 비행 경험으로부터 폭력 경험, 또는 남성 경험 등에 이르기까지 다양하다. 그렇게 뱀은 전 세계 문화의 중요한 부분이 되었다.

성적 상징들에 관해서는 정신 분석학에서 사용되는 일반적인 설명을 크게 뛰어넘는 매우 복잡한 하나의 원리를 고려해야 한다. 어떠한 생명체든 대부분의 무생물보다 훨씬 흥미롭다는 것이다. 무생물은 살아 있는 조직의 대사 과정에 이용될 수 있느냐 없느냐에 따라, 다시 말해 생명을 가진 기관에 유용하고 적절하게 쓰일 수 있느냐에 따라 가치를 부여 받는다. 제정신이라면 아무도 죽은 낙엽 더미를 그 잎을 떨어뜨린 나무보다 소중히 생각하지 않을 것이다.

도대체 무엇이 우리로 하여금 생명을 가진 것들에 그토록 집착하게 만드는가? 생물학자라면 생명이란 작은 화학적 단위로부터 거대한 분자들을 자기 복제하는 것, 그리하여 복잡한 유기 구조를 조립하고 많은 양의 분자 정보를 전달하며 영양 섭취, 생장, 외부에 대한 목적 지향적 움직임을 보이는 것, 자신과 아주 비슷한 유기체들을 증식시키는 것이라고 대답할 것이다. 시적인 표현을 즐기는 생물학자라면 생명은 있음직하지 않은 것이고, 준안정적이며, 다른 시스템들에 반응하고, 한시적이라는 말을 덧붙일 것이다. 그리고 어떠한 대가를 치르고서라도 지켜야 할 만한 가치가 있다고 말할 것이다.

어떤 생물들은 특별한 지능 발달 때문에 더 많은 관심을 끈다. 1984년에 나는 『바이오필리아(Biophilia)』에서 다른 형태의 생명체들과 특별한 관계를 형성하려는 인간의 욕구는 상당 부분 본능적이라고 제안한 바 있다. 이 명제는 기존의 과학적 상식에 비춰볼 때 충분한 설득력을 지니지는 못했다. 왜냐하면 이 주제가 가설, 연역, 실험 등의 과학적 방법으로 진위를 확실히 밝힐 수 있을 만큼 충분히 탐구되지 않았기 때문이다. 그럼에도 불구하고 인간의 생물친화적 성향은 일상생활에서 너무나 뚜렷하고 폭넓게 나타나기 때문에 주목할 만하다. 그것은 아동기 초기부터 각 개인에게 지속적으로 나타나는 예측 가능한 환상과 반응들로부터 명백히 알 수 있다. 많은 인류학 문헌들이 이러한 성향이 거의 모든 사회 모든 문화에 반복적으로 나타난다는 사실을 보고하고 있다. 이러한 과정들은 두뇌 프로그램의 한 부분처럼 보인다. 어떤 종류의 동식물에 관한 것은 유난히 신속하고 정확하게 학습된다. 이는 그저 백지 상태로 태어난 마음의 서판 위에 자라면서 새겨진 '역사적인 사건들'로 간주하기에는 너무나 보편적 현상이다.

아마도 가장 기묘한 생물친화적 특징은 뱀에 대한 공포와 숭

배일 것이다. 뱀의 강력한 이미지가 나타나는 꿈들은 정신 활동이 연구된 모든 사회에 존재한다. 어느 때이건 최소한 5퍼센트의 사람들은 뱀에 대한 꿈을 기억한다. 꿈에서 깨어날 때의 느낌을 기록하라고 요구하고 몇 달을 주면 훨씬 더 많은 사람들이 그것을 보고할 것이다. 뉴욕에 사는 사람들이 꿈에서 만난 뱀의 이미지와 오스트레일리아 원주민이나 줄루족이 묘사하는 이미지가 정서적으로 크게 다르지 않다.

대부분의 문명이 뱀을 신비롭게 표현한다. 호피족은 물뱀 팔루루콘을 자비로우면서도 무서운 신적 존재로 알고 있다. 콰키우틀족은 사람과 파충류의 얼굴을 가진 머리 셋 달린 뱀인 시시우틀을 두려워하는데, 이것이 꿈에 나타나는 것을 광기 혹은 죽음의 흉조로 여긴다. 페루의 샤라나후아족은 환각제를 먹고 독사의 혀로 얼굴에 선을 긋는다. 이렇게 하고 나면 그들은 화려한 색채를 지닌 보아뱀과 독사, 케이먼악어와 아나콘다가 우글거리는 호수에 대한 꿈을 꾸게 된다. 전 세계적으로 가장 두드러지게 꿈에 출현하는 동물들이 바로 뱀이나 뱀과 유사한 동물들이다. 뱀은 생동하는 힘, 섹스, 토템, 신화의 주인공, 신들의 상징으로 추대된다.

이러한 문화적 표현들이 언뜻 보기에는 비논리적이고 신비해 보일 수도 있지만 뱀의 원형 너머에는 사람들의 경험 내에 존재하는 단순한 실체가 있다. 인간의 마음은 뱀의 형상에 예민하게 반응하도록 만들어졌다. 독사를 단순한 공포의 대상으로 바라볼

뱀의 변신

뿐만 아니라 그들의 부분적인 모습에도 민감하게 자극받는다. 이러한 반응들이 뱀에 대한 이야기들을 꾸며내게 하는 추진력이기도 하다. 이 특이한 경향은 거대하고 인상적인 진짜 뱀과 맞닥뜨렸던 내 유년기의 기이한 경험에 중요한 역할을 했다.

나는 앨라배마 주에 인접한 지역으로 깊숙이 뻗어 있는 플로리다 북부 지방에서 성장했다. 숲 속을 자유롭게 산책하던 그 지방의 여느 소년들과 마찬가지로 나는 사냥과 낚시를 즐겼고 그런 놀이들과 일상생활을 뚜렷하게 구분하지 않고 자랐다. 하지만 자연사(natural history)의 중요성을 일찍이 깨달아 어린 나이에 이미 생물학자가 되기로 마음을 정했다. 나에게는 '진짜 뱀'을 찾겠다는 남모르는 야심이 있었다. 그런데 내가 찾고자 하는 뱀은 실제의 뱀과는 무관한 것으로 상상을 초월하는 크기를 가졌거나 색다른 모습을 지닌 것이었다.

몇 가지 상황들이 내 어릴 적 환상을 부추겼다. 첫째로 나는 관대한 부모님을 가진 외아들이었으며 부모님은 내가 나의 관심과 취미를 계발하도록 독려하셨다. 이것은 좀 둘러말한 것이고 한 마디로 나는 버릇없는 개구쟁이였다. 둘째로 주변의 물리적 환경이 어린 내 마음에 자연에 대한 경외심을 심어 주었다. 네 세대 전만 해도 그 지방은 아마존에 버금가는 야생으로 뒤덮여 있었다. 아메리카팔메토(야자수의 일종―옮긴이)로 이루어진 두터운 잡목 숲은 샘물들이 합류하는 구불구불한 개울과 편백나무가 우거진 늪으로 이어졌다. 캐롤라이나앵무새와 상아부리딱따구리들의

우리는 지금도 야생을 산다

머리는 햇살을 받아 반짝였고, 야생 칠면조와 나그네비둘기들은 여전히 훌륭한 사냥감이었다. 거센 비가 지나가고 포근해진 봄 밤에는 수십 종의 개구리들이 개굴개굴, 꽥꽥거리고 성대를 바르르 떨기도 하며 온통 뒤섞인 합창으로 사랑의 노래를 불렀다. 열대 지방에서 북쪽으로 퍼져 나간 종들로부터 파생되어 나온 걸프 만의 다양한 생물군은 수백만 년을 거치면서 따뜻한 기후 조건에 적응했다. 남아메리카의 거대한 약탈자와 아주 많이 닮은 꼬마군 대개미들은 눈에 띄지 않게 주로 밤에 행진한다. 컵 받침만 한 크기의 무당거미들은 삼림 개간지에 차고 문짝 너비의 거미집을 지었다.

물이 고인 웅덩이나 움푹 팬 구덩이에서 구름처럼 날아오른 모기떼는 초기 이주자들을 괴롭혔다. 이 모기들은 말라리아와 황열병 같은 대역병을 옮겼고, 주기적으로 창궐한 이러한 전염병들은 해안 저지대를 따라가며 인구를 감소시켰다. 그 질병들은 이미 오래전에 박멸되었지만 이러한 자연의 견제는 오늘날까지도 탬파와 펜서콜라 사이의 좁고 긴 지역을 정착민이 거의 없는 자연 그대로의 '또 다른 플로리다'로 남아 있게 만들었다.

많은 뱀들이 있다. 멕시코 만은 지구상 어느 곳보다도 엄청나게 다양하고 많은 뱀이 서식하는 곳으로 그곳에서는 뱀을 쉽게 만날 수 있다. 줄무늬뱀(striped ribbon snake)은 연못이나 개울가 나뭇가지 끝에 메두사의 머리와 같이 뒤엉켜 매달려 산다. 독이 있는 산호뱀(coral snake)은 잎 더미 속에 숨어 살며, 몸은 빨강, 노랑,

검정으로 장식되었다. 산호뱀은 빨강, 검정, 노랑 순서로 된 띠를 가진 진홍왕뱀(scarlet kingsnake)과 모습이 비슷해서 혼동하기 쉽다. 이들을 구별하기 위해 나무꾼들이 손쉽게 사용하는 방법은 "노랑 앞에 붉은 줄이 있는 놈은 동료를 죽이고, 검정 앞에 붉은 줄이 있는 놈은 우리 친구다."를 외우는 것이다. 들창코에 몸통이 두껍고 동작이 굼뜨며 해를 끼치지 않는 돼지코뱀(hognose)은 맹독성인 아프리카 가분독사(African gaboon viper)와 닮았고, 두꺼비를 산 채로 삼키는 습성이 있다. 60센티미터 길이의 피그미방울뱀(pygmy rattlesnake)은 2미터가 넘는 길이의 다이아몬드방울뱀(diamondbacks)과 대조적이다. 파충류학자들은 물뱀들을 크기, 색깔, 비늘의 배열 등으로 분류했는데, 나트릭스(*Natrix*), 세미나트릭스(*Seminatrix*), 악키스트로돈(*Agkistrodon*), 리오다이츠(*Liodytes*), 파란시아속(*Farancia*)에 속하는 10종이 여기에 포함된다.

물론 수와 다양성에서는 한계가 있다. 개구리, 쥐, 물고기 등 작은 크기의 동물들을 포식하는 뱀은 필연적으로 자신의 먹이보다 그 수가 적다. 따라서 들판을 한가로이 거닐다 우연히 뱀을 발견하게 되는 경우는 드물며, 한 시간 동안 샅샅이 수색해 봐야 한 마리도 찾지 못하는 경우가 더 많다. 하지만 내 개인적인 경험에 비춰 보면 어느 날이건 플로리다에서 뱀을 만날 확률이 브라질이나 뉴기니에서 뱀을 만날 확률보다 열 배는 높은 것이 사실이다.

이렇게 뱀이 풍부한 것에 묘하게 들어맞는 것이 있다. 비록 멕시코 만 야생지의 많은 부분이 머캐덤 도로나 농지로 바뀌고,

우리는 지금도 야생을 산다

그 개척지는 텔레비전과 비행기 소음으로 시끄럽지만, 거기에는 주민들이 여전히 야만과 무지에 대항하여 싸우고 있는 듯한 옛 전원 문화의 자취가 남아 있다. "숲을 밀어내고 땅을 채워라"라는 명령이 보편적인 정서이자 개척자의 윤리로, 그리고 기독교적 지혜로 남아 있다. 뱀들이 자주 출연하는 것은 이 케케묵은 믿음에 상징적인 근거를 더해 준다.

150여 년에 걸친 이주 정착 기간 동안 이곳에서는 뱀에 대한 사람들의 경험이 뱀에 대한 지식으로 윤색되었다. 방울뱀은 머리를 잘려도 해가 질 때까지 죽지 않고 산다든가, 독사에게 물리면 물린 상처를 칼로 절개하고 석유로 소독하여 독을 중화시켜야 한다든가(이런 식의 처방으로 살아남은 사람이 있는지는 모르지만 나는 본 적이 없다.), 온 마음을 다해 예수 그리스도를 믿으면 두려움 없이 방울뱀이나 살무사를 목에 감을 수 있으나 그래도 물리면 신의 계시로 받아들여야 하고 죽든 살든 평화가 있을 것이라든가, 돼지코뱀이 미끄러지듯 'S'자형을 하고 있을 때는 매우 위험해서 너무 가까이 다가가면 뱀이 뿌리는 독을 눈에 맞아 실명하게 되고, 이 뱀의 피부 냄새만 맡아도 죽음에 이르게 된다는 등등. 돼지코뱀은 자신에 대한 무시무시한 전설 덕을 톡톡히 보고 있는 셈인데 나는 한 번도 누가 이 뱀 때문에 죽었다는 말을 들어 보지 못했다.

깊은 숲 속에는 놀라운 능력을 지닌 생물들이 살고 있다. (나는 이런 이야기를 듣는 것을 참 좋아한다.) 그들 중 하나가 굴렁쇠뱀(hoop snake)이다. 토요일이면 지방 법원 앞 계단에 쭈그리고 앉아 있고는 하는 회의론자들은 굴렁쇠뱀이 상상 속에만 있는 것이라고 말한다. 어쩌면 친절했던 사륜마차 경주자들이 어떤 신비로운 사건 때문에 굴렁쇠뱀으로 변해 버린 것일 수도 있다. 그렇게 변해 버린 굴렁쇠뱀은 입에 꼬리를 물고 엄청난 속력으로 언덕을 굴러 내려와 겁에 질린 사냥감을 공격한다. 이따금씩 괴물에 대한 실제 기사들이 등장하는데, 어느 늪에 산다고 하는 (최근에 아무도 본 사람은 없지만, 어쨌든 거기에 늘 살고 있는) 거대한 뱀 이야기, 몇 년 전쯤에 마을 어귀에서 한 농부가 죽었다는 3.3미터 길이의 다이아몬드방울뱀 이야기, 강가에서 햇볕을 쬐고 있다가 어렴풋이 눈에 띄었다는 정체를 알 수 없는 괴물 이야기도 있다.

　동물들의 우화가 반쯤은 진담으로 여겨지고, 소년의 마음속에 미지의 세계에 대한 영감이 싹트게 하며, 집에서 한나절만 걸어가도 뭔가 특별한 것을 발견할 가능성이 있는 남부 마을에서 성장한다는 것은 정말 멋진 일이다. 이런 신비는 스케넥터디(미국 뉴욕 주 중동부―옮긴이), 리버풀(영국 북서부 머지사이드 주의 주도―옮긴이), 다름슈타트(독일 헤센 주 다름슈타트 현의 주도―옮긴이) 같은 곳에는 존재하지 않는다. 그런 곳에 사는 어린이들에게는 선택의 여지가 전혀 없다는 점에 대해 나는 고통스러울 만큼 큰 슬픔을 느낀다. 나는 모빌(미국 앨라배마 주에 있는 항구 도시―옮긴이), 펜서콜라(미국 플로리다 주 북서부에 있는 도시―옮긴이), 브루턴(앨라배마 주의 도시―옮긴이)을 벗어나 주위의 숲과 늪지를 녹초가 될 때까지 탐험하고는 했다. 나는 자연주의자들이 옛 감정을 되살려 내기 위해 사용하는 기술 중 하나인 평온과 몰입에 이르는 방법을 익혔다. 지금도 야외 조사를 나가면 내 정신은 습관처럼 그 영역에 가 있다.

분명 내 친구들도 어느 정도 나와 비슷한 감수성을 가졌을 것이다. 1940년대 중반 미식축구 춘계 연습이 끝나고 추계 정규 경기가 열리기 전까지 우리는 고속도로 청소대원들과 들판 이곳 저곳을 들쑤시며 돌아다니는 일에 열중했다. 좀 다른 점이 있다면 나는 뱀 사냥에 빠져 있었다. 1944~1945년의 브루턴 고등학교 미식축구팀 선수들 대부분은 유치하게 들리는 별명과 촌스러운 이니셜을 가지고 있었다. 예를 들면 부바(Bubba, 아빠 혹은 형의 유아어 — 옮긴이), 조(Joe, "어이 형씨"처럼 이름을 모르는 사람을 부를 때 쓸 수 있음 — 옮긴이), 플립(Flip, 빠른 패스 혹은 공중제비 — 옮긴이), A. J.(당시 흔했던 이름 중 하나 — 옮긴이), 써니(Sonny, "얘야"처럼 소년을 부르는 친근한 말 — 옮긴이), 슈(Shoe, 구두 — 옮긴이), 짐보(Jimbo, 강아지 이름에 많이 씀 — 옮긴이), 주니어(Junior, "어이 젊은 친구" 정도의 호칭 — 옮긴이), 스누커(Snooker, '사기치다'라는 뜻 — 옮긴이), 스키터(Skeeter, 모기 — 옮긴이) 등이다. 나도 마찬가지였다. 상대팀이 어떤 회생의 가능성도 보이지 않을 만큼 무너진 다음에야 간신히 마지막 쿼터 출전을 허락받는 함량 미달의 삼류 레프트 엔드였던 나의 별명은 뱀이었다. 나는 이런 남성성의 상징에 무척이나 자부심을 느꼈음에도 불구하고 내 희망과 열정을 다른 곳에 투자했다. 그 지방에는 정말 훌륭한 40종의 뱀이 있었고 나는 그 대부분을 용케 포획해 냈다.

잡기가 너무 힘들어서 나의 특별한 표적이 되었던 것은 나트릭스 리지다(Natrix rigida)라는 광택이 있는 물뱀이었다. 한 성체(成體)가 물가에서 멀리 떨어진 얕은 연못 바닥에 배를 붙이고 있다가 호흡과 감시를 위해 녹색 수면 위로 머리를 내밀었다. 나는 뱀들이 가장 경계하는, 좌우로 움직이는 동작 없이 매우 조심스럽게 그 뱀을 향해 연못을 건너갔다. 다이빙으로 달려들려면 1미터 거리까지 접근해야 하는데, 그 물뱀은 언제나 내가 이 거리를 확보하기 선에 머리를 물속으로 감추고 빛이 도달하지 않는 깊은 곳으로 조용히 미끄러져 들어가 버렸다. 결국 나는 동네에서 제일가는 고무총 사수이고 나와 동갑이며 말수가 적은 한 친구의 도움으로 이 문제를 해결했다. 그 친구는 앤티텀이나 샤일로 같은 곳(남북전쟁 당시 동부의 유명한 격전지 — 옮긴이)에서도 단연 돋보였을 만큼 자존심이 강하고 성질이 불같은 친구였다. 그는 조약돌로 몇 마리나 되는 물뱀들의 머리를 적중시켜 기절시켰고, 덕분에 나는 물속에서 이 뱀들을 잡기에 충분한 시간을 확보할 수 있었다. 정신을 차린 물뱀들은 한동안 포로가 되어 우리 집 뒷마당에 내가 만든 우리 안에 갇혀 있어야 했지만, 접시에 담아 준 살아 있는 작은 물고기들을 먹으며 아주 건강하게 자랐다.

한 번은 집에서 수 킬로미터 떨어진 늪지 한가운데서 길을 잃은 적이 있다. 그럼에도 불구하고 태평하게 거닐던 나는 이상하리만큼 밝은 색채를 띤 뱀이 가재 굴 안으로 들어가는 것을 우연히 보았다. 나는 잽싸게 달려가 구멍에 손을 밀어 넣고 더듬적거렸다. 그러나 너무 늦었다. 뱀은 꿈틀거리며 내 손이 닿지 않는

우리는 지금도 야생을 산다

깊숙한 곳으로 들어가 버렸다. 바로 다음 순간 다른 생각이 떠올랐다. '만일 내가 뱀을 잡는 데 성공했고 그 뱀이 독사였다면?'

다른 기회에 나는 또다시 이런 무모한 열정에 사로잡힌 적이 있었다. 피그미방울뱀을 생포하려다가 안전거리를 잘못 짐작했던 것이다. 놈은 내가 예측했던 것보다 빠르게 덤벼들어 그 놀라운 권능으로 내 왼쪽 검지를 물었다. 체구가 작은 파충류였기에 그때는 팔과 손끝이 한동안 부어올랐다가 괜찮아졌지만, 아직도 기온이 내려가기 시작할 무렵이면 왼쪽 검지의 감각이 무뎌진다.

어느 조용한 7월 아침 브루턴의 자분정(自噴井)들로부터 물이 계속 흘러 들어오는 습지에서 나는 잡초로 막혀 버린 수로를 따라 둑을 높이는 작업을 하던 중 '나의 진짜 뱀'을 발견했다. 굉장한 크기의 뱀 한 마리가 느닷없이 내 발 아래쪽에서 요란한 소리를 내며 도망치더니 물속으로 뛰어 들어가는 것이었다. 그날 하루 종일 내가 만난 것은 진흙 비탈이나 통나무 위에 조용히 긴장하고 앉아 있는 별로 크지 않은 개구리와 거북이뿐이었기 때문에 그놈의 동작은 나를 특별히 놀라게 했다. 이 뱀은 거의 내 키만큼 길 뿐만 아니라 난폭하고 요란스러워서 나와 대등했다. 뱀은 풍만한 몸통으로 파동을 일으키며 수로 중간에 있는 수심이 얕은 곳으로 질주하더니 급류로 인해 형성된 모래 더미 위에서 몸을 쉬었다.

그놈은 비록 내가 상상했던 괴물은 아니었지만 분명 심상치 않은 뱀이었다. 그것은 독사의 한 종류인 모카신(*Agkistrodon piscivorus*)

으로 1.5미터가 넘는 길이에 내 팔뚝보다 두꺼운 몸통, 주먹 크기만 한 머리를 가졌다. 난생 처음 보는 거대한 야생 뱀이었다. 내가 나중에 계산해 본 것에 의하면 그 녀석은 그 종의 평균 크기에도 못 미치는 놈이었다. 그 뱀은 얕고 맑은 물에 온몸을 드러낸 채 차분히 엎드려, 수초를 따라 몸을 뻗으며 머리를 뒤로 돌려 내가 다가오는지 주시하고 있었다. 모카신들은 이런 식으로 행동한다. 그들은 보통의 물뱀들처럼 혼비백산해서 도망치거나 하지 않는다. 그들의 얼어붙을 듯한 거짓 미소와 고양이처럼 응시하는 노란 눈동자에서는 어떤 감정도 읽어 낼 수 없다. 그러나 그들의 반응과 자태에는 인간이나 다른 큰 덩치의 적들의 조심하는 모습을 통해서 자신들의 힘을 감상하고 있는 듯한 오만함이 배어 있다.

나는 보통 땅꾼들이 쓰는 방법대로 뱀의 뒤통수를 포획용 막대기로 짓눌러 꼼짝 못하게 하고, 다른 손으로는 부풀어 오르는 교근(턱을 싸고 있는 근육―옮긴이) 바로 뒤의 목 부분을 쥐었다. 그런 다음, 막대기를 누르고 있던 손으로 뱀의 등 중간 부분을 잡아 물 밖으로 완전히 들어 올렸다. 이 기술은 대부분의 경우 아주 효과적이다. 하지만 나는 불시에 허를 찌를 듯한 모카신의 반응에 화들짝 놀랐고, 그 때문에 순간적으로 위태로운 상황에 놓였다. 그놈은 그 큰 몸통에 경련을 일으키며 머리와 목을 자신을 움켜쥔 내 손가락 쪽으로 뒤틀더니, 입을 쩍 벌려 2.5센티미터나 되는 송곳니들을 세우고 새하얀 목구멍을 드러내며 늪살무사 특유의 위협 행동을 보였다. 항문선에서 나온 구린내가 공기 중으로 퍼졌

우리는 지금도 야생을 산다

다. 그날 아침의 열기가 갑자기 또렷하게 느껴지는 순간이었다.

　한참 완성되어 가던 나의 영웅담이 허탕이 되어가고 있었다. 문득 이런 곳에서 내가 혼자 무슨 짓을 하고 있는지 한심한 생각이 들었다. '누가 이런 나를 발견하면 어쩌지?' 뱀은 머리를 앞으로 쭉 빼더니 방향을 돌리기 시작했다. 그놈은 위아래턱을 이용하여 내 손을 물 수도 있었다. 나는 나이에 비해 그리 힘이 세지 않았기에 점점 뱀을 통제할 수 없는 상황에 놓이게 되었다. 어찌해 볼 도리가 없는 상황에서 나는 그 거대한 놈을 덤불 속으로 내던졌고 뱀은 미친 듯이 나뒹굴더니 내 시야에서 사라졌다. 비로소 우리는 서로를 떨쳐 버렸다.

　아드레날린이 심장을 격렬하게 뛰게 하고 손에 전율을 일으키는 동안 나는 바닥에 주저앉은 채 아무런 행동도 할 수 없었다. 어쩌면 이토록 어리석을 수가 있을까? 대체 무엇 때문에 뱀들은 그렇게 혐오스러운 동시에 매혹적인 것일까? 돌아보면 그 대답은 믿을 수 없을 만큼 간단하다. 은밀히 숨어 지내는 능력, 손도 발도 없는 구불구불한 몸 안에 내재된 힘, 속이 빈 날카로운 송곳니에서 뿜어져 나와 피부 속으로 퍼지는 독에 대한 공포가 그 비밀이다. 뱀에 주의를 기울이고 그들의 보편적인 이미지에 정서적으로 반응하며 보통 이상으로 그들을 두려워하고 조심한다면 일차적으로 생존 가능성이 높아진다. 학습 편향 형태로 뇌에 저장된 법칙은 뱀의 형상을 지닌 대상에 대해서 즉시 경계심을 가지라고 말한다. 안전하고 싶다면 이 특이한 반응을 지나치다 싶게 배우라고 말하고 있다.

다른 영장류들도 인간과 비슷한 규칙을 진화시켜 왔다. 아프리카 밀림에서 흔히 볼 수 있는 거농(guenon), 버빗(vervet) 같은 긴 꼬리원숭이들은 비단뱀, 코브라, 퍼프애더(puff adder, 살무삿과에 속하는 애더류의 한 종—옮긴이) 등을 보면 특이한 경계음을 내서 집단 내의 다른 동료들에게 알린다. (독수리나 표범의 등장을 알릴 때는 다른 경계음을 사용한다.) 그리고 나면 몇몇 성체들은 침입자가 떠날 때까지 안전거리를 유지하며 뒤에서 그들을 쫓는다. 실제로 원숭이들은 위험한 뱀이 나타나면 경계음을 내는데, 이 경계음은 위험에 처한 개체만을 위한 것이 아니라 전체 집단을 보호하는 역할을 한다. 무엇보다도 특이한 것은 자기들에게 큰 위협이 되는 종류의 뱀이 나타난 경우에 가장 강력한 경계음이 사용된다는 것이다. 어쨌든 거농과 버빗 들은 본능 형성 과정을 통해 뛰어난 파충류학자가 된 셈이다.

인도와 그 주변 아시아 국가들에 살고 있는 벵갈원숭이(rhesus macaque)에 대한 연구 결과는 뱀을 혐오하는 현상이 인간의 근연종들이 지닌 선천적인 특징이라는 점을 암시하고 있다. 이 원숭이의 성체는 어떤 종류의 뱀을 보든 간에 종 특이적인 공포 반응을 보인다. 그 반응이란 우왕좌왕하며 뒤로 물러서서 뱀을 응시하기, 웅크리기, 얼굴 가리기, 짖는 듯한 소리내기, 날카로운 비명 지르기, 안면을 찡그려 공포로 일그러진 표정 만들기(입술을 오므리고 이를 악물고 귀를 머리에 납작 붙인다.) 등이다. 한 번도 뱀을 만난

　　　　　　　　　우리는 지금도 야생을 산다

경험이 없는 연구소에서만 사육된 원숭이들도 비록 약하기는 하지만 야생에서 데려온 원숭이들이 보이는 것과 동일한 반응을 보인다. 이것이 뱀에 대해서만 보이는 특이한 반응인지 알아보기 위해 진행된 대조군 실험에서 벵갈원숭이는 우리 안에 놓인 구불구불하지 않은 물체에 대해서는 반응을 전혀 보이지 않았다. 아마도 이 원숭이들에게 선천적으로 조율된 자극의 핵심은 뱀의 형태와 특징적인 동작에 있는 것 같다.

적어도 몇몇 인간을 제외한 영장류에게서 나타나는 뱀을 혐오하는 경향은 유전적 배경을 갖는 것으로 보인다. 그것은 자연선택에 따른 진화에 의해 형성된 특성일 수 있다. 다시 말해 혐오 반응을 보이는 개체가 그렇지 않은 개체보다 많은 자손을 남기고, 그 결과 뱀에 대한 공포를 나타내는 특성이 집단 내에 빠르게 확산되었다는 것이다. 또는 그러한 특성이 이미 있는 경우에는 그것이 높은 수준으로 유지되도록 진화했을 가능성이 있다는 것이다.

생물학자들은 행동의 기원에 관한 이 같은 명제를 어떻게 실험할까? 그들은 자연의 역사를 거꾸로 뒤집어본다. 역사적으로 특정한 진화를 촉진하는 것으로 믿어지는 환경 요인의 영향을 받지 않았던 종들을 탐색하고, 실제로 그 동물들이 그러한 진화의 흔적을 나타내지 않는 것을 확인한다. 원숭이들의 먼 친척이 되는 여우원숭이들은 그들과 반대의 기회를 가졌다. 여우원숭이는 마다가스카르 토착종으로 그곳에는 몸집이 크거나 독을 가지고 있어서 위협이 될 만한 뱀은 살지 않는다. 생포한 여우원숭이 앞에 뱀을 놓았을 때 그들은 아프리카 원숭이나 아시아 원숭이와는 달리 곧바로 공포 반응을 보이지 않았다. 그렇다면 이것이 적절한 증거가 될 수 있을까? 학술 논문 수준의 표현을 빌리자면, 우리는 단지 그 증거가 '주장에 부합된다'고 말할 수 있다. 이 가설이나 다른 어떤 가설도 하나의 사례만으로는 성립될 수 없다. 더 풍부한 예증이 있어야만 단호한 회의론자들이 비판을 물리치고 그 가설을 확고하게 할 수 있을 것이다.

침팬지 연구에서 또 다른 증거를 찾을 수 있다. 침팬지는 불과 500만 년 전 원시 인류와 공통 조상을 가졌던 것으로 생각되는 종이다. 연구소에서 사육된 침팬지는 이전에 한 번도 뱀을 경험한 적이 없는데도 불구하고 뱀을 보면 두려워한다. 이들은 안전거리만큼 뒤로 물러서서 침입자(뱀)에게 시선을 고정한 채 "웝!" 하는 경계 신호를 동료들에게 보냈다. 중요한 것은 이러한 반응이 성장기의 침팬지에게서 더욱 두드러지게 나타난다는 점이다.

이러한 특성이 특히 흥미로운 것은 인간 역시 거의 같은 발달 과정을 보이기 때문이다. 다섯 살 이전의 아동들은 뱀에 대해 특별한 불안감을 드러내지 않지만 성장하면서 점점 더 큰 경계 반응을 보인다. 단지 한두 번의 나쁜 기억, 예를 들어 잔디에서 누룩뱀이 꿈틀대며 지나가는 광경을 보았거나 친구가 모형 뱀을 들이댔다거나 혹은 야외 캠프 모닥불 앞에서 담임 선생님으로

우리는 지금도 야생을 산다

부터 무시무시한 이야기를 들었다거나 하는 경험만으로도 아이들은 뱀에 대한 강렬하고 영구적인 공포에 사로잡힌다. 이 같은 인간 행동의 발생 패턴은 분명 보기 드문 것이다. 다른 종류의 공포, 예컨대 어둠, 낯선 사람, 불쾌한 소음 같은 것에 대한 공포는 일반적으로 일곱 살 이후부터 감소하기 시작하는 반면에 뱀을 기피하는 경향은 나이가 들면서 점점 더 강해진다.

하지만 내가 그랬듯이 마음을 반대 방향으로 돌려 두려움을 느끼지 않거나 심지어 특별한 호감까지 느끼면서 뱀을 다루는 법을 배우는 것도 가능하다. 다만 적응하기까지 특별한 노력이 필요하며 대개의 경우 약간의 참을성과 자의식이 요구된다. 특별히 민감한 반응은 심각한 뱀 혐오증으로 발전되기 쉬운데, 그것은 단지 뱀이 나타나기만 해도 공포감, 식은땀, 구토 증상을 일으킬 만큼 극단적으로 병적인 상태를 유발한다. 나는 이런 사례들을 목격했다.

어느 일요일 오후, 앨라배마 주에 있는 한 야영지에서 1.2미터 길이의 블랙레이서(black racer)가 숲에서 기어 나와 나무가 모두 베어진 개발지를 가로질러 시냇가 풀밭을 향해 가고 있는 것을 보았다. 아이들은 소리치며 뱀을 가리켰고 한 중년 부인은 비명을 지르며 땅바닥에 주저앉아 울고 있었다. 그 부인의 남편은 픽업트럭으로 달려가 장총을 가져왔다. 하지만 블랙레이서는 세상에서 가장 날쌘 뱀 중의 하나다. 녀석은 안전하게 몸을 숨기는 데 성공했다. 구경꾼들은 이 뱀이 독이 없는 종이며 쥐보다 큰 동물은 공격하지 않는다는 사실을 전혀 몰랐을 것이다.

한 번은 지구 저 반대편 뉴기니의 에바방이라는 마을에서 사람들이 마구 소리를 지르며 내리막길을 뛰어 내려오는 광경을 목격했다. 사람들을 따라갔더니 그들은 어느 집 마당을 유유히 기어가고 있는 한 마리의 작은 갈색 뱀을 둥글게 에워싸고 있었다. 나는 뱀을 움직이지 못하도록 누른 다음 하버드 대학교 박물관에 보낼 수 있도록 알코올에 담갔다. 이 용감해 보이는 행동으로 나는 원주민들로부터 감탄 혹은 의심을 사게 되었다. 그 일이 있은 다음날, 근처 숲에서 곤충 채집을 하는데 아이들이 줄곧 내 주위를 맴돌며 따라다녔다. 그중 한 아이가 둥그런 거미줄을 치는 거대한 거미 한 마리를 손에 들고 내게 다가왔다. 그 거미는 털이 무성하게 난 다리를 버둥거리며 끔찍스러운 턱을 아래위로 움직이고 있었다. 나는 너무 놀라 어찌 할 바를 몰랐다. 온몸에 소름이 돋을 지경이었다. 그 일이 있은 후 나도 경미하나마 거미 혐오증에 시달리게 되었다. 누구에게나 자기만의 혐오증이 있다.

어째서 뱀은 영장류의 정신 발달 과정에 그렇게 강력한 영향력을 미치는 것일까? 간단히 말하자면, 몇몇 뱀들이 인류 역사를 통틀어 병과 죽음을 초래하는 주요 원인이 되었기 때문이다. 남극 대륙을 제외한 모든 대륙에는 독사가 있다. 아시아와 아프리카의 광범위한 지역에서 뱀에 물려 사망한 인구는 연간 10만 명당 5명 이상으로 알려져 있다. 지역별 최고 기록은 버마의 한 지방으로, 연간 10만 명 당 36.8명이 뱀에 물려 사망한 것으로 보고

우리는 지금도 야생을 산다

되었다. 특별히 오스트레일리아에는 치명적인 독을 가진 뱀이 많은데, 이 뱀들의 대부분은 코브라와 친척뻘이다. 그 가운데 특별히 호랑뱀(tiger snake)은 큰 덩치와 예고 없이 공격하는 성향 때문에 그야말로 두려움의 대상이다. 남아메리카와 중앙아메리카에는 독사들 중에서 가장 크고 공격적인 것으로 알려진 부시매스터(bushmaster), 큰삼각머리독사(fer-de-lance), 자라카라(jaracara) 등이 서식한다. 낙엽처럼 보이는 색을 띤 등과 사람 손을 관통할 만큼 긴 송곳니를 가진 이 뱀들은 주된 먹이인 작은 포유류를 기다리며 열대 숲 바닥에 매복하고 누워 있다.

전형적인 '진짜' 독사라 할 수 있는 다양한 종류의 위험스러운 뱀들이 아직까지 전 유럽에 걸쳐 비교적 풍부히 분포하고 있다는 사실을 아는 사람은 드물다. 살무사의 일종인 애더(Viperus berus)의 서식지는 북극권에 이른다. 스위스나 핀란드같이 뱀이 전혀 살 것 같지 않은 곳에서도 상당수의 사람들이 뱀에 물리고는 하는데, 이 수치는 연간 수백 명에 달해서 야외 스포츠 애호가들에게 두려움의 대상이 되고는 한다. 전 세계에 몇 안 되는 뱀이 거의 없는 나라(이는 성 패트릭(아일랜드의 수호성인으로 추앙 받는 가톨릭 성인 — 옮긴이)이 아니라 홍적세의 빙하 작용에 고마워해야 할 일이다.)인 아일랜드조차 주요 뱀 문양과 문화들을 다른 유럽 나라들의 문화로부터 받아들였고, 문학과 예술 속에 뱀에 대한 공포를 간직해 왔다.

자연물이 문화의 상징물로 전이되는 과정이 여기에 있다. 수십만 년, 즉 뇌 안에 특정한 유전적 변화가 일어나기에 충분할 만큼의 시간 동안, 독사는 인간에게 상처와 죽음의 주요 원인이 되어 왔다. 시행착오의 과정을 거쳐 어떤 딸기 열매에 독이 있다고 알려지는 것처럼 두려움에 대한 반응은 단순한 회피가 아니다. 유인원류에게 특징적으로 나타나는 불안과 병적인 열광이 혼합된 표현을 인간 역시 지니고 있다. 계통 발생적으로 가장 가까운 친척인 침팬지와 마찬가지로 인간도 아동기 초기에 혐오감을 습득하고 이를 점진적으로 발달시켜 나가는 강한 성향을 물려받았다. 인간 정신은 거기에다 더 많은 인간만의 특이적인 요소들을 첨가시켰다. 그런 요소들은 정서를 살찌우고 문화를 풍부하게 한다. 꿈속에서 문득 나타나는 뱀의 특징과 구불구불한 모양, 뱀의 힘과 신비는 신화와 종교를 구성하는 자연 요소이다.

꿈을 꾸는 동안 감각과 감정 상태가 어떻게 정교하게 이야기로 만들어지는가를 생각해 보자. 꿈꾸던 사람이 들은 멀리서 벼락이 치는 소리는 꿈에서 문이 세차게 닫히는 소리로 전환된다. 그는 막연한 불안감을 느낀다. 갑자기 그는 학교 복도에 와 있다. 준비하지 못한 시험을 보기 위해 어딘지 알지 못하는 교실을 이리저리 찾아다니는 것이다. 정상적인 꿈의 단계에 들어서면 수면 중인 뇌 하부에 있는 뇌간의 거대 신경섬유들이 대뇌피질을 향해 자극을 쏘아 올리고, 감긴 눈꺼풀 속에서 빠른 안구 운동이 일어난다. 의식이 깨어나면 기억들을 검색하고 물리적, 정서적 불편함을 유발하는 주변 요소들을 중심으로 이야기를 만들어 내는 반응을 한다. 그것은 과거에 실제로 경험한 요소들을 다시 떠올리도록 재촉하는데, 흔히 뒤죽박죽 섞인 괴상한 형태가 만들어진다. 그리고 간혹 한 가지 혹은 여러 가지 느낌들의 구현으로서 뱀이 등장한다. 뱀에 대한 직접적이고 실제적인 공포가 이런 느낌들의 주요 원인이겠지만, 이런 몽상들은 성적 욕망이나 지배욕, 힘에 대한 갈망, 갑작스러운 죽음에 대한 우려 등에서 비롯되기도 한다.

　뱀과 우리 사이의 특별한 관계를 설명하는 데 굳이 프로이트의 이론을 끌어들일 필요는 없다. 뱀은 원래 꿈이나 상징의 매개물로서 유래한 것이 아니다. 그 관계는 엄밀히 볼 때 프로이트의 해석과는 다르며, 좀 더 연구하기 쉽고 이해하기 쉬운 방식으로 나타난다. 독사에 대한 인간의 구체적인 경험은 유전적 진화에 의한 내면화를 거친 후에 뇌의 구조 속에서 프로이트적인 정신현상을 일으켰다. 정신은 무엇인가로부터 상징과 환상을 만들어 내야만 한다. 이전부터 존재하는 가장 강력한 이미지에 마음이 쏠리는 경향을 보이든지, 뱀이 가진 최소한의 이미지를 포함하는 어떤 이미지를 창조하는 학습 법칙의 과정을 밟는다. 정신 분석학에 너무 과도하게 매혹되었는지는 몰라도 금세기의 거의 전 기간 동안 사람들은 꿈과 현실, 그리고 그 심리적 결과와 자연에서 기원한 원인을 혼동해 왔다.

　꿈이 영적 세계와 연결된 통로라고 생각했던, 그리고 뱀이 일상생활의 일부분이었던 과학 발생 이전의 사람들에게 뱀은 문화를 구성하는 중심적인 역할을 했다. 고대 인도 힌두교의 경전『아타르바 베다(*Atharva Veda*)』의 성가에 나타나는 것처럼 단순히 보호를 구하는 마법 주문들이 존재한다. "나의 눈으로 너의 눈을 멀게 한다. 나의 독으로 너의 독을 소멸시킨다. 오, 뱀아. 살지 말고 죽어라. 너의 독은 네게로 돌아갈지어다."

"오, 뱀아. 인드라(고대 인도의 무용신(武勇神) ― 옮긴이)가 네 선조들을 죽였노라." 성가는 계속 이어진다. "그들이 으깨졌으니 그들에게 과연 무슨 힘이 있으랴?" 이렇게 하면 뱀의 능력이 제압될 뿐만 아니라, 심령 치료나 마법을 거는 등 사람이 사용할 수 있는 영역으로 그 힘이 전환될 수 있다고 믿었다. 카두케우스(신들의 사자(使者)인 머큐리가 평화의 상징으로 들고 다니던 지팡이 ― 옮긴이)를 휘감고 있는 두 마리의 뱀은 원래 머큐리에게 속해 있는 날개 달린 전령들로서 훗날 외교관이나 전령들이 사용하는 안전 통행증의 표시가 되었고, 결국 의료 분야에서 공통된 문양으로 정착되기에 이르렀다. 이렇게 된 것은 의료인들이 그리스 신화에 등장하는 의술의 신인 아스클레피오스가 사용한 지팡이와 카두케우스를 혼동했기 때문인데, 아스클레피오스의 지팡이는 단지 한 마리의 뱀이 휘감고 있다.

발라지 문드쿠르(Balaji Mundkur)는 뱀에 대한 선천적 경외심이 세계 각지에서 풍부한 예술적, 종교적 산물들을 어떻게 생산하고 있는지를 보여 주었다. 뱀 형태의 문양들은 유럽의 구석기 석조 유물들에 조각되었고, 시베리아에서 발견된 매머드의 이빨에도 새겨졌다. 그것들은 콰키우틀족(밴쿠버 섬이나 그 주변에 사는 아메리칸

우리는 지금도 야생을 산다

인디언 종족―옮긴이), 야쿠트족(동시베리아의 타이가, 툰드라 지대에 사는 유목 생활을 하는 종족―옮긴이), 예니세이오스탸크족(시베리아의 예니세이강 주변에 사는 종족―옮긴이)과 수많은 오스트레일리아 원주민 무당들에게 권능과 의식을 상징하는 문장이 되었다.

번식력을 준다고 믿어졌던 신이나 영혼들을 위한 부적으로서 단순화된 뱀 문양들이 종종 사용되었는데, 이러한 예를 가나안의 아스다롯, 중국 한 대(漢代)의 복희와 여와, 그리고 힌두교 여신인 문다마와 마나사의 부적에서 찾아볼 수 있다. 고대 이집트인들은 최소한 13가지 뱀신을 숭배했으며 이들이 건강, 생식, 풍작 등에 다양하게 기여한다고 믿었다. 이 뱀신들을 대표하는, 머리가 셋 달린 거대한 네헤카우라는 뱀신은 나일강 왕국의 곳곳을 감시하며 긴 여행을 한다고 알려졌다. 코브라신의 문양이 새겨진 황금 부적들은 투탕카멘의 시신을 감싸는 천 위에 놓였고, 전갈의 여신 셀켓은 모든 뱀의 어머니라는 칭호를 얻었다. 그녀는 자신의 자식들과 마찬가지로 사악함, 권능, 선량함의 원천으로 숭배되었다.

기괴한 형상으로 이루어진 아스텍 사원은 뱀에게 존귀함을 부여한 환각의 만신전(萬神殿)이다. 시간을 상징하는 신들 가운데 뱀신 오리나휘, 갈라진 혀와 방울뱀의 꼬리를 가진 땅의 악어신 키팍틀리가 포함되어 있고, 비의 신 트라록의 윗입술은 두 마리의 사리를 튼 방울뱀이 머리를 맞대고 있는 모습으로 묘사되어 있다. 뱀을 의미하는 단어인 '코아틀(coatle)'은 아스텍 신들의 이름에 압도적으로 많이 사용된다. 코아틀리쿠에(Coatlicue)는 뱀과 인간의 몸이 섞인 무시무시한 괴물이었고 시와코아틀(Cihuacoatl)은 출생의 신이자 인류의 어머니였다. 그리고 슈코아틀(Xhiucoatl)은 52년마다 몸에 불이 일어나는 불뱀으로서 종교적인 역법(曆法) 속에서 중요한 경계를 표시한다. 인간의 머리를 가졌으며 몸이 깃털로 뒤덮인 뱀 케찰코아틀(Quetzalcoatl)은 아침 별과 저녁 별의 신으로 군림하면서 죽음과 부활을 관장했다. 케찰코아틀은 달력의 창조자, 책과 배움의 신, 사제들의 보호자로서 귀족 계급과 사제들이 교육 받던 수련장에서 숭배되었다. 그가 뱀으로 된 뗏목을 타고 동쪽 지평선으로 떠나갔다는 전설은 틀림없이 당시의 지식인 계급을 대경실색하게 했을 것이며, 오늘날로 말하자면 구겐하임 재단이 지원을 중단한다는 소식을 듣는 것과 같은 일이었을 것이다.

자기 모순적인 뱀의 이미지들은 고대 그리스 종교에도 등장한다. 제우스의 초기 모습을 보면 메일리키오스라 불리는 뱀으로 나타나는데 그는 간청하는 기도를 들어주는 너그러운 사랑의 신이다가 밤이 되면 희생 제물을 죽이는 복수의 신이 되기도 했다. 또 다른 고귀한 뱀신은 아레스의 샘에서 정안수를 보호했다. 그는 저승 세계에서 복수의 신으로 군림했던 에리니에스와 함께 다녔는데, 에리니에스는 사람들에게 너무나 큰 두려움의 대상이었기 때문에 초기 신화에서는 그림으로 그려지지도 않았다. 에우리피데스는 자신의 작품 「타우리스의 이피게네이아(Iphigenia in Tauris)」에서 이들을 뱀으로 묘사했다. "그녀를 보아라. 그녀의 입

우리는 지금도 야생을 산다

을 쩍 벌린 저승의 뱀. 입을 벌린 무서운 독사로 나를 죽이려는 가?"

입 안팎으로 날름거리며 갈라져 있는 혀기 암시하는 교활함, 기만, 악의, 배반, 가면 같은 협박과 초자연적 치유 능력, 인도 능력, 예지 능력, 권능 등이 가미된 뱀의 모든 품격은 서양 문화에서 가장 지배적인 이미지가 되었다. 에덴 동산의 뱀은 유대교의 악한 프로메테우스로서 환상처럼 나타나 인간에게 선과 악을 구분할 수 있는 지식을 주었다. 그리고 인간은 신의 명령을 어긴 대가로 원죄의 짐을 지게 되었다.

내가 너로 여자와 원수가 되게 하고
너의 후손도 여자의 후손과 원수가 되게 하리니
여자의 후손은 네 머리를 상하게 할 것이요
너는 그의 발꿈치를 상하게 할 것이니라.

뱀이라는 생명체는 우리 인간의 일부가 되었다. 문화는 뱀을 실제의 파충류보다 훨씬 강력한 뱀으로 변형시킨다. 정신적 산물인 문화는 지도와 이야기들 안에 가지런히 정돈된 상징들을 가지고 외부 세계를 재창조해 내는 이미지 창조 기계로 해석될 수 있다. 하지만 정신은 현실 세계의 혼란을 고스란히 파악할 만한 능력을 갖고 있지 않다. 또한 우리의 육체는 우리의 뇌가 만능 컴퓨터처럼 모든 정보들을 하나하나 처리할 만큼 충분한 시간 동안

뱀의 변신

버틸 수 없다. 의식은 오히려 어떤 정보를 제어하는 데 신속해짐으로써 경쟁에서 효과적으로 살아남았다. 어떤 성향들은 쉽게 받아들이고 어떤 것들은 자동적으로 기피한다. 세포 구조의 특수성에서 비롯된 생물학적 장치인 신경계와 뇌 안에 그 제어 기구가 있음을 보여 주는 수많은 유전학적, 생리학적 증거들이 존재한다.

이 복합적 편향을 우리는 인간 본성이라 부른다. 뱀에 대한 두려움과 혐오의 관점에서 이토록 놀랍게 증폭된 경향들이 바로 문화의 원천이다. 단순한 지각들은 특별한 의미를 갖는 풍부한 이미지를 끊임없이 만들어 내는 한편, 그것들을 만들어 낸 자연선택의 효력은 지속적으로 유효하게 한다.

어찌 아닐 수 있겠는가? 인간의 뇌는 호모 하빌리스 시대로부터 후기 석기 시대의 호모 사피엔스에 이르는 약 200만 년을 거쳐 지금의 형태로 진화해 왔는데, 그동안 인간은 자연 환경과 밀접한 관계를 맺으며 수렵 집단으로 존재했다. 뱀들은 골칫거리였으며, 물 냄새, 벌들의 윙윙대는 소리, 식물 줄기의 구부러지는 방향성도 그들의 생활에 영향을 미쳤다. 자연인들의 몰입은 적응을 도왔다. 풀 속에 숨어 있는 작은 동물을 발견하는 것이 그날 저녁 먹을거리를 마련하느냐 굶느냐의 차이를 만들어 낼 수 있었다. 그리고 현대 도시인들의 메마른 감정까지도 전율시킬 수 있는 공포, 괴물들이나 스멀스멀 기어가는 형체가 일으키는 소름 끼치는 감각들 덕분에 무사히 살아남아 다음 날 아침을 맞을 수 있었다. 생물체는 은유와 의식의 자연 원료이다. 비록 증거는 미

우리는 지금도 야생을 산다

비할지 모르지만, 우리의 뇌는 예전의 민첩한 재능을 여전히 간직하고 있는 듯하다. 우리의 감각은 경계 태세 중이며, 생생하게 살아 있는 상태로 이미 사라진 밀림의 세계를 살아간다.

상어를
분류하는 기준

두 생화학자가 카리브 해에서 열리고 있는 과학 학회에 참석
하였다. 그들은 부둣가에 앉아서 물에 발을 담그고 그날 있었던
행사에 관한 이야기를 나누고 있었다. 그런데 갑자기 어두운 그
림자가 소용돌이를 만들며 물속을 지나가더니 그중 한 사람의 왼
쪽 다리가 물속으로 쑥 끌어 당겨졌다.

"악, 상어가 내 발가락을 물었어!"

"맙소사, 저런! 어떤 상어입니까?"

다른 과학자가 물속을 들여다보면서 고함쳤다.

"내가 어떻게 압니까?"

첫 번째 과학자는 잠시 생각더니 이렇게 덧붙여 말했다.

"상어는 다 똑같은 것 아닙니까?"

상어를 분류하는 기준

나는 수업 중에 형태와 기능의 일반적 원칙, 이를 테면 상어의 특징을 강조하는 과학자들과 생물의 다양성을 강조하는 또 다른 부류의 과학자들의 차이점을 부각시키기 위해 생화학자들을 등장시킨 이 짧은 이야기를 종종 한다. 생물의 다양성을 강조하는 진화 생물학자들은 어떻게 종이 생겨나며, 시간이 지나면서 그 다양성이 어떻게 유지되는지에 관심이 있다.

최근 조사에 따르면 약 350종의 상어가 지구상에 살고 있는데, 이것은 가오리나 홍어 등의 근연종을 뺀 숫자이다. 그리고 상어들 간의 차이는 상상할 수 없을 만큼 극단적이다. '바다의 쓰레기통'이라는 별명이 딱 어울리는 뱀상어(*Galeocerdo cuvieri*)를 통해 우리는 이런 다양성을 실감할 수 있다. 큰 놈은 길이 6미터에 몸무게가 거의 1톤까지 나가며, 동물성 단백질이 있을 것 같은, 혹은 그런 것이라고는 전혀 없을 것 같은 쓰레기로 가득한 해안을 어슬렁거린다. 포획된 놈들의 위에서는 물고기, 신발, 맥주병, 감자봉지, 석탄, 개, 그리고 사람의 신체 부위까지 발견되었다. 한 거대한 뱀상어의 위에서는 오버코트 세 벌, 비옷 세 벌, 운전면허증 하나, 소 발 하나, 사슴 뿔 한 쌍, 아직 소화되지 않은 바닷가재 열두 마리, 깃털과 뼛조각들이 든 닭장 한 개가 발견되었다. 가끔 수영하던 사람들이 이 상어에게 먹히는 것은 놀랄 일도 아니지만, 이 상어가 의도적으로 인간을 공격하는 경우는 없다. 뱀상어는 단지 대식가일 뿐 인간의 특별한 적이 아니다.

돌고래나 고래, 참다랑어 같은 큰 물고기에 기생하는 길이

우리는 지금도 야생을 산다

46센티미터가량의 쿠키커터상어(Isistius brasiliensis)도 있다. (이 기생체는 먹이를 직접 공격해서 죽이지 않고, 먹이 자체보다 작은 단위에서 섭식하는 포식자다.) 이 작은 물고기의 아래턱에는 커다란 이빨들이 가지런히 둘러 나 있는데, 이것을 먹이의 몸체에 쑤셔 박아 피부와 살을 1~2인치 크기의 원뿔 형태로 도려낸다. 쿠키커터상어의 이런 습관이 발견된 1971년 이전까지 돌고래와 고래의 몸 표면에서 관찰된 둥근 모양의 흉터는 수수께끼였다. 그 흉터들은 병원균 감염이나 기생충에 의한 것이라고 생각되어 왔다. 가끔 이 작은 상어는 핵잠수함을 공격하기도 한다. 수중 음파 탐지기의 반구형 고무 덮개를 물어뜯는 것으로 알려져 있다.

가장 작은 상어는 아니지만 쿠키커터상어만큼이나 작아 좀처럼 눈에 띄지 않는 난쟁이상어(Squaliolus laticaudus)도 있다. 이들의 몸길이는 길어야 30센티미터밖에 안 된다. 반대로 지구상에서 가장 큰 물고기인 고래상어(Rhincodon typus)는 몸길이 18미터에 몸무게가 10톤이 넘는다. 하지만 고래상어의 커다란 몸집은 이들의 먹이가 되는 아주 작은 물고기나 동물성 플랑크톤 외에 다른 큰 동물들이나 인간에게는 전혀 위협이 되지 않는다. 이 상어는 몸집에 어울리지 않게 수염고래와 비슷한 섭식 방법을 진화시켜 왔다. 이들은 작은 먹이를 거르기 위해 엄청난 양의 물을 들이키면서 수면 바로 밑을 아주 천천히 헤엄친다. 용감한 사람들은 고래상어의 등지느러미를 잡고 나란히 헤엄치기도 한다.

상어는 진화 생물학자들이 생물계에서 적응 방산이라고 부르

상어를 분류하는 기준

는 현상에 가장 좋은 사례를 제공하는 동물 집단이다. 적응 방산이란 생물종이 매우 다른 생태적 지위(niche, 생물이 점유하는 장소, 먹이, 천적 등 환경과 다른 종 간의 관계 속에서 차지하고 있는 위치 — 옮긴이)를 차지하면서 개별적 특성을 확산해 나가는 현상을 말한다. 새들도 이와 비슷한 예를 보여 준다. 이들은 포식자로서 활동하거나 청소부 역할을 하기도 하고, 곤충을 잡아먹는 부리를 가지거나 씨앗을 먹는 부리를 가지기도 한다. 타조같이 날 수 없게 된 새늘노 있고 육지와 물 양쪽에 서식하는 펭귄, 육지와 물과 공중을 모두 돌아다니는 오리류, 꽃의 꿀을 먹는 벌새나 태양조 등 해부학적으로나 행동학적으로 분화된 많은 유형들이 있다.

이런 다양화는 확실히 그 구성 종들 간에 경쟁을 감소시키고, 서로 다른 서식지를 차지할 수 있도록 한다. 따라서 많은 종들이 멸종하지 않고 오랫동안 공존할 수 있게 된다. 대륙에서는 소수의 종들이 오랜 시간에 걸쳐 다양화되지만, 갈라파고스나 하와이 같은 외딴 군도에서는 성공적으로 적용한 집단들은 다른 지역에서보다 빠른 속도로 주요한 생태적 지위를 차지하도록 다양화된다. 찰스 다윈(Charles Darwin)의 유명한 갈라파고스핀치인 하와이꿀먹이새(Hawaiian honeycreeper)는 아시아 또는 북아메리카로부터 도래한 황금방울새와 비슷한 하나의 종에서 시작하여 현재는 20종이 넘는 새들로 진화하는 눈부신 성과를 거두었다.

전 세계적인 차원에서 보면 상어는 가장 큰 적응 방산을 이루었다. 350종의 상어들은 고래와 돌고래를 포함한 모든 종류의

우리는 지금도 야생을 산다

물고기들이 서식하는 주요 생태적 지위의 대부분을 차지하고 있다. 뱀상어류를 비롯해 상어다운 모양과 행동을 갖춘 다른 상어류들 외에도 껄떡상어(gulper shark), 가시상어(bramble shark), 수염상어(wobbegong), 만다린돔발상어(mandarin dogfish), 돔발상어(spurdog), 톱상어(saw shark), 프로비글(probeagle), 도깨비상어(goblin shark), 강남상어(crocodile shark), 잠꾸러기상어(sleeper shark), 피그미상어(pygmy shark) 등 많은 종들이 있다.

몸 크기가 중간에서 비교적 큰 경골어류들이 할 수 있는 모든 일들을 생각해 보자. 한 종 또는 몇몇 종의 상어들이 그 모두 또는 그 이상의 일을 할 수 있다는 것을 알게 된다. 대양 깊은 곳에는 뱀장어처럼 구불구불한 몸체에 초대형 입과 심해 포식자의 특징인 바늘처럼 뾰족한 이빨을 가진 상어가 산다. 그들이 사는 수심대로부터 1킬로미터 정도 위쪽에는 청새리상어(blue shark), 검은꼬리상어(black-tipped shark)와 같은 유선형 몸체를 가진 종들이 돌아다닌다. 고등어나 등 푸른 물고기들처럼 유선형 몸체를 가진 종들은 뛰어난 추적 능력과 돌진력을 가지고 있다. 대륙붕에는 가오리처럼 생긴 네모지고 납작한 몸체로 느리게 움직이는 전자리상어(angel shark)가 산다. 또 밖으로 툭 튀어나와 줄지어 늘어선 우스꽝스러운 이빨에 톱과 똑같이 생긴 주둥이를 가진 톱상어도 살고 있다.

이러한 두드러진 다양성은 다른 동물 집단에서는 발견되지 않는 고유한 유형들을 만들어 낸다. 흰배환도상어(thresher shark)는 가장 놀라운 경우 중 하나이다. 흰배환도상어들은 빠른 몸놀림으로 오징어나 다른 물고기 떼 한복판으로 쳐들어가 긴 채찍처럼 생긴 꼬리로 그들을 때려서 기절시킨다. 이런 특이성 때문에 흰배환도상어를 낚는 어부들은 흰배환도상어의 입이 아닌 꼬리가 그물에 걸려 있는 광경을 종종 목격하게 된다. 태평양 서부에 서식하는 수염상어(wobbegong)는 이와 정반대의 경우이다. 이 상어는 곤봉처럼 생겼으며, 두툼한 수염들이 콧수염과 구레나룻을 기른 것처럼 입 주변부와 머리 양쪽을 따라 나 있다. 반점 무늬가 있는 몸 색깔이 대양의 밑바닥 색과 잘 섞여 카펫상어라는 또 다른 이름을 가지고 있기도 하다. 수염상어는 가슴지느러미를 이용해 엉금엉금 둔하게 바닥을 '걷는다'. 수염상어는 인간에게 위험한 동물이다. 무엇인가에 방해를 받았을 때, 이들은 주변을 철썩 때리면서 바늘 모양의 이빨로 자신들을 화나게 한 것을 덥석 물고 불도그처럼 흔들어 댄다. 이런 공격은 심각한 결과를 가져온다. 점박이수염상어(spotted wobbegong)의 경우에는 몸길이가 3미터나 되기 때문에 더욱 그렇다.

"진정으로 적응 방산에 도달했는가?"에 답하는 나 나름의 기준이 있다. 그것은 적어도 한 종이 같은 집단의 다른 구성원을 포식할 만큼 분화가 이루어졌는가 하는 것이다. 예를 들어 군대개미는 다른 집단의 개미들을 먹고 대왕뱀(king snake)은 다른 대왕뱀을 먹는다. 상어들도 마찬가지로 이러한 차원에 도달했다. 미시시피 강 어귀에는 몸무게 200킬로그램까지 성장하는 미시시피

우리는 지금도 야생을 산다

황소상어(bull shark)가 서식하는데 이들은 작은 크기의 상어들을 잡아먹는다. 그리고 더 깊은 물속에서는 뱀상어(tiger shark)와 귀상어류(hammerheads)가 더 잔인한 방법으로 동료들을 잡아먹는다.

내 생각에 진화가 이룬 이 모든 다양성의 극단을 차지하는 것은 백상아리(reat white shark, *Carcharodon carcharias*)이다. 이들은 최고의 살육자, 살육 기계, 최후의 인간 포식자 등으로 불려 왔다. 백상아리는 단연 지구상에서 가장 몸집이 큰 살육 동물이다. 확실한 정보에 의하면 몸길이 6미터, 몸무게 3300킬로그램까지 성장하는 것으로 알려져 있고, 몸길이 8미터에 몸무게 4000킬로그램에 이른다는 증명되지 않은 주장도 있다. 이 상어의 배 부분은 흰색이고 등은 슬레이트 빛 회색과 검은색 중간이다. 입 가장자리에 톱날처럼 열을 지어 나 있는 이등변삼각형 모양의 이빨들은 혹시 부러지는 경우가 있더라도 쉽게 재생된다. 머리의 앞부분을 차지하는 코는 기다란 원뿔 모양인데 이 때문에 '화이트포인터'라는 오스트레일리아 이름이 붙여졌다. (오스트레일리아 사람들은 백상아리 특유의 자극적인 느낌 때문에 '백색 죽음(white death)'이라는 이름으로 부르기도 한다.) 백상아리의 입은 어릿광대가 멍하니 이빨을 보이고 웃는 듯한 모습을 하고 있고, 입을 통해 들어온 물은 램제트(전진압을 이용하여 압축된 공기 속으로 연료를 분사하고 점화 연소시켜 속력을 내는 제트 엔진—옮긴이) 방법으로 아가미를 통과해 뒤로 보내진다. 백상아리는 주변 수온에 비해 꽤 높은 체온을 유지한다. 아마도 이 때문에 이들은 지구상에 존재하는 대부분의 차가운 대양에 적응할 수

상어를 분류하는 기준

있고, 수심 1300미터의 깊은 바닷속에서도 먹이를 잡을 수 있을 것이다.

백상아리의 먹이는 경골어류, 다른 상어, 바다거북, 그리고 돌고래나 바다표범이나 바다사자 같은 바다 포유류 등 아주 다양한 범위에 걸쳐 있다. 백상아리는 대부분 혼자 산다. 하지만 바다 포유류들을 좋아하는 성체가 된 백상아리들이 캘리포니아 파랄론 제도와 오스트레일리아 남부의 암초 바나에서 관찰되는 것처럼 가끔 바다표범들이나 바다사자들 가까이에 모여들기도 한다. 백상아리가 사람들에게 위험한 존재가 되는 것은 이들이 바다표범과 수영하는 사람을 확실히 구별하지 못하기 때문이다.

백상아리는 멀리 있는 먹이를 냄새로 감지하고 가까이 다가간다. 물결이 잔잔한 날은 6~12미터 떨어진 곳에서 수영을 하거나 서핑 보드 위에서 물을 젓는 사람들도 알아볼 수 있다. 다른 상어 같으면 먹이 주변을 천천히 헤엄치면서 조심스럽게 접근하고 공격하기 전에도 한 번쯤 툭 건드려 볼 테지만 백상아리는 먹이를 죽이기 위해 곧장 달려든다. 먹이를 향해 아래에서 위로 돌진하는데, 마지막 순간이 되면 눈동자를 뒤쪽으로 굴리면서 코와 머리를 들어 올리고 위턱을 뻗치면서 아래턱을 벌려 단번에 물어 버린다. 이 모든 일이 번개 치듯 순식간에 일어난다. 오스트레일리아 남부 해안에서 백상아리의 포식 행동을 녹화한 샌프란시스코 스타인하드 수족관 소속의 팀 트리카스와 존 맥코스커에 따르면 보통의 경우 1초도 안 걸린다고 한다. 종종 공격당한 먹이가

우리는 지금도 야생을 산다

피를 흘리며 멀리 가지 못할 때에는 죽을 때까지 그냥 내버려 두기도 한다. 적어도 다른 사람들이 구조를 위해 가까이 있는 경우에는 백상아리의 이러한 버릇 덕분에 목숨을 건질 수 있다. 백상아리는 구조원들이 희생자들을 육지로 끌어내는 동안 좀처럼 공격해 오지 않는다.

상어 전문가들은 백상아리의 이 독특한 행동 양식 때문에 한동안 이들을 인간 포식자가 아니라 단순히 살육을 즐기는 사냥꾼으로 생각했다. 인간의 살이나 잠수복의 네오프렌(합성고무의 일종—옮긴이)을 맛없어 한다고 생각하기도 했다. 어떤 과학자들은 이 상어의 공격을 단순히 자신들의 세력권을 방어하기 위한 행동이라고 추측했다. 맥코스커는 백상아리가 인간을 공격할 때 그들의 일반적인 먹이인 바다표범이나 바다사자들을 공격하는 것처럼 바로 아래까지 와서 또는 바로 뒤까지 접근한 다음에 돌진한다는 증거를 제시하며 다른 가설들을 일축해 버렸다. 맥코스커는 다음과 같이 설명한다. 이 상어는 바다표범이나 바다사자가 자신의 존재를 알아채기라도 하면 재수 없이 식사를 망친다는 사실을 수백 년 동안 배워 왔을 것이다. 상어를 알아본 민첩한 바다 포유류들은 서투른 상어의 접근 경로를 보란 듯이 선회하며 그 위험한 이빨로부터 빠져나갈 것이다. 따라서 백상아리는 반드시 은밀하게 접근해야 한다는 것이다.

간혹 백상아리가 사람과 바다 포유류를 구별하는 경우도 있겠지만, 불행히도 이들은 아직 정교한 식별 방법을 배우지 못했

상어를 분류하는 기준

다. 그리고 지난 수십 년 동안 잠수복을 입은 사람들의 모습은 점점 더 바다표범이나 바다사자를 닮아 가고 있다. 백상아리는 자신들이 좋아하는 먹이를 찾고, 먹이가 만드는 실루엣이 어떤 모양인가를 보고, 물어뜯은 후에 피 흘리는 먹이가 죽음에 이르기를 기다리며 일을 마무리한다.

우리보다 스무 배나 더 큰 동물의 먹이가 되는 기분은 어떨까? 1968년 캘리포니아 보베가 만의 남쪽 끝자락에서 전복을 따던 프랭크 로건은 몸 왼편이 마비되는 이상한 느낌을 받았다. 그는 어두운 물속으로 유유히 사라져 가는 상어의 입에 자신의 몸 일부가 물려 있는 것을 발견했던 것이다. 몸길이가 6미터가량 되는 백상아리에게 당한 것이다. 로건은 자신의 경험을 다음과 같이 회상한다. "확실하지는 않지만 그놈은 나를 물속에서 5~6미터 정도 밀쳐 버렸습니다. 그리고 나는 내 주변에서 물결이 소용돌이치는 것을 느꼈습니다. 나는 허우적거리며 죽을힘을 다해 헤엄쳤지요. 이 상어가 나를 물고 흔들기라도 하면 내 몸은 갈기갈기 찢겨 나갈 것이라는 사실을 알고 있었습니다. 순식간에 일어난 일이었습니다. 두려워할 시간도 없었습니다. 나는 속으로 간절히 외쳤습니다. '제발 나를 내버려 둬!' 시간이 얼마가 지났을까, 대략 20초쯤 지났을 때 상어가 나를 놓아 주었습니다." 로건은 친구들의 도움으로 목숨을 건졌지만 몸에 생긴 지름 50센티미터가량의 둥근 상처를 봉합하기 위해 200바늘이나 꿰매야 했다.

백상아리는 분명 인간에게 특별히 위협이 되는 생활 방식을

우리는 지금도 야생을 산다

가지고 있고, 제정신인 잠수부라면 누구라도 단단한 잠수용 철망이 없는 곳에서는 백상아리와 함께 있으려고 하지 않겠지만, 백상아리가 인간을 공격하는 일은 자주 일어나지 않는다. 지난 375년 동안 뉴잉글랜드에서는 단 한 건의 사고가 있었을 뿐이다. 1936년 7월 25일 열여섯 살의 조셉 트로이 2세가 매사추세츠 버저즈 만에서 수영을 하던 중 죽은 사건이 그것이다. 전 세계적으로 백상아리의 공격 빈도가 가장 높게 나타나는 캘리포니아의 해안에서도 평균적으로 8년에 한 명 정도가 희생된다. 반면에 한 해에 10~20마리 정도의 백상아리가 인간에게 죽음을 당한다. 애초부터 상어의 수는 바다를 이용하는 인간들의 수에 비해 비교도 안 될 정도로 적기 때문에 설령 어떤 변화가 생긴다고 하더라도 그들은 점점 더 최악의 거래를 하게 되는 셈이다. 맥코스커는 연방 정부의 보호 아래 있는 바다표범이나 해달과 같은 근해 포유동물들의 개체군이 증가하면 백상아리의 수도 따라서 증가할 것이고, 그에 따라 특히 캘리포니아나 오리건 등지에서 백상아리가 인간을 공격하는 빈도도 증가할 것이라고 주장한다.

상어들은 4억만 년 전 데본기 이래로 하나의 형태에서 또 다른 형태로 지속적으로 변화해 왔다. 어쨌든 인간의 먼 친척뻘이라 할 수 있는 조상보다 100배 이상 나이가 먹은 셈이다. 그들은 공룡 시대 초기에 그 수가 일시적으로 급감했던 기간을 제외하면 이 모든 기간 동안 번성해 왔고, 다양성을 증가시켜 왔으며 지난 5000만 년 동안 수적인 우세를 유지해 왔다. 그들의 기록은 바

상어를 분류하는 기준

퀴류와 전갈류, 그리고 몇 안 되는 다른 동물 집단의 기록에 견줄 만하다.

어떻게 상어들은 이같은 성공을 거둘 수 있었을까? 동물학자들은 그 이유를 명확히 알지는 못하지만 상어들의 뛰어난 적응력의 밑바탕이 된 몇 가지 특질들을 지적한다. 수정이 체내에서 일어난다는 점과 대부분의 종에서 새끼들이 출산 시기까지 건강하게 살아 있다는 것, 그리고 갓 태어난 새끼들도 스스로 멀리까지 헤엄쳐 갈 능력이 있다는 것 등이다. 상어들은 사냥에 한 번 성공하면 많은 양의 음식을 먹을 수 있는데, 그 후 몇 주 동안은 자신들의 간에 저장된 영양분으로 살아간다. 사실 상어의 거대한 간은 상어 생물학에서 아가미구멍이나 배냇니만큼이나 중요하게 취급된다. 대부분 지방으로 이루어진 간은 몸무게의 10~25퍼센트를 차지한다.

상어의 추진력과 힘에 대해 관심이 있다면, 이에 대해 참조할 만한 거대한 고래상어에 관한 이야기가 있다. 1959년 국제 연합 식량 농업 기구 소속의 일러게이슨(G.S. Illugason)과 두 명의 보조원들은 망갈로르 서쪽의 아라비아 해에서 13명의 원주민 어부들에게 새로운 기술을 가르치고 있었다. 그들은 길이가 각각 8미터와 10미터인 두 척의 배 위에서 일하고 있었는데 두 배는 로프로 연결되어 있었다. 그때 일러게이슨은 거대한 고래상어가 주위를 지나가고 있는 것을 알아채고, 유일한 장비였던 80센티미터 길이의 갈고리와 5센티미터 두께의 마닐라로프로 그 상어를 잡아 보겠

　　　　　　　　　　　　우리는 지금도 야생을 산다

다고 결심했다. 그는 갈고리를 던져 고래상어의 등지느러미에 박는 데 성공했다. 그러나 고래상어는 5노트의 속력으로 달리던 두 척의 배를 끌어당기며 계속 헤엄쳐 갔다. 그렇게 세 시간이 지난 후 상어는 서서히 지치기 시작했고, 그제서야 사람들은 두 개의 로프와 등지느러미에 상처를 입힌 철사 줄을 이용해 상어를 끌어올릴 수 있었다. 상어를 처음 목격한 지 일곱 시간이 지난 후에야 그 상어는 육지로 운반되었다. 상어의 길이는 10미터였고 몸무게는 5톤으로 추정되었다. 일생에 그렇게 커다란 상어를 잡을 수 있는 시골 어부는 얼마 되지 않을 것이다.

자주 눈에 띄고 인간에게 해를 끼치지 않는 거대한 고래류나 돌묵상어(basking shark)에 대한 보호법령이 제정되었다고는 하지만, 상어종에 대한 본격적인 보호는 아직 시작도 되지 않았다. 문제는 상어에 대한 무지다. 상어들이 사는 지역에 관한 정보나 약간의 해부학적 지식, 그들의 포식 습성에 관한 간단한 정보를 제외하면 우리는 350종이나 되는 상어에 대해 거의 아는 바가 없다. 하지만 나는 이러한 상태가 마음에 든다. 거대한 야생 동물이 세상의 정복되지 않은 곳들을 자유롭게 돌아다니는 상상은 내 피를 끓게 한다. 과학자들이나 자연학자들에게 미지의 세계는 채집되고 사진에 담기고 측정된 세계보다 언제나 훨씬 흥미롭다. 일찍이 들어 보지 못했던 노래가 훨씬 감미로운 법이다.

1976년 오아후 섬 북동쪽에 위치한 수심 4.6킬로미터의 바다에서 일어난 일이다. 수심 150미터의 바닷속에서 미국 해군 함대 연구팀이 닻 대용으로 쓰는 그물에 뭔가가 걸렸다. 어뢰 회수용 롤러를 이용해 그것을 끌어올리자 배의 뒷부분이 기울어졌다. 길이 4.3미터에 몸무게가 750킬로그램인 완전히 새로운 종류의 상어였다. 괴상하게 생긴 큰 머리와 닻에 걸릴 당신 유포시드 새우를 걸러 먹고 있던 거대한 입을 가지고 있었다. 과학자들은 놀라움을 금치 못했고, 이 상어에게 엄청나게 큰 입을 가졌다는 의미에서 메가마우스상어(*Megachasma pelagios*)라는 이름을 선사했다. 1984년 11월 캘리포니아 남부의 산타카탈리나 섬 근처에서는 또 다른 새로운 상어가 잡혔고, 몇몇 새로운 종들이 서태평양 지역에서 발견되었다. 또 다른 어떤 놈들이 바다 아래서 헤엄치고 있는 걸까?

상어들은 우리가 진화해 온 세계의 일부이고 그렇기 때문에 우리의 일부이다. 그들은 인간에게 가장 깊숙이 뿌리 박혀 있는 불안과 공포의 거울로서 우리 문화에 스며들었다. 그들에 대한 우리의 무관심이 그들을 미스터리의 상징으로, 그리고 야생의 세계로 남아 있게 했다. 그리고 그들은 지난 수억 년 동안 살아온 것처럼 지금도 그렇게 살아가고 있다.

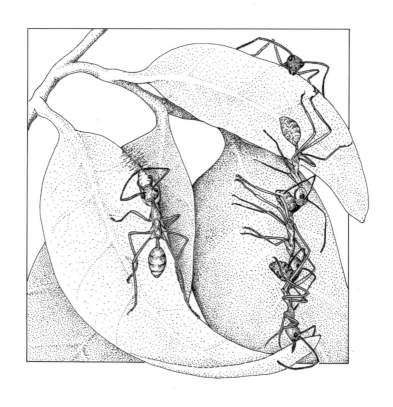

개미 사회의
위대한 성공

내가 개미들에 대해 자주 받는 질문이 있다. "주방에 있는 개미들을 어떻게 대해야 하죠?" 내 대답은 언제나 변함없다. "발 밑을 조심해야죠." 작은 생명들을 소중히 여겨보라. 그들에게 모카 케이크 부스러기를 줘 보라. 그들 역시 참치 조각과 거품 크림을 좋아한다. 돋보기를 가져와서 좀 더 자세히 관찰해 보라. 그러면 당신은 다른 행성에서 진화했을 것 같은 사회 속으로 들어가게 된다.

궁극적으로 개미나 다른 사회성 곤충들을 존재하게 한 진화적 계통은 지금으로부터 6억만 년 이상 앞선 시기에 인류가 유래한 계통으로부터 분리되었다. 곤충의 사회 체제는 우리의 사회 체제와는 전혀 관련이 없으며, 본질적으로 매우 다르다. 그들

개미 사회의 위대한 성공

은 우리에게 즐거움을 선사하는 또 하나의 위대한 진화적 실험이다. 그들의 고유한 특성에 대한 연구는 몇몇 생물학 분야에 커다란 성과를 남겼다.

지금까지 약 9500종의 개미들이 알려져 있고, 이 수치는 학명이 주어진 개미 종수의 합이다. 나는 지금까지 알려진 것보다 두세 배 정도 많은 종수의 개미들이 존재할 것이라고 믿는다. 내기를 할 수도 있다. 이 막시류 곤충 집단에는 방대한 다양성이 존재한다. 지구상에서 가장 작은 개미 집단은 가장 크다고 알려진 개미의 뇌 크기만 한 장소에서도 별 어려움 없이 살 수 있다. 내가 연구해 온 흑개미속(Pheidole)만 해도 아메리카 대륙에서 기록된 것만 285종이다. 하버드 대학교 비교 동물학 박물관에는 약 600종에 달하는 흑개미속 표본들이 있다. 그중 315종은 신종이다. 곤충 채집가들은 몇 개월에 한 번씩 새로운 종을 쏟아 놓고 있다.

박테리아보다 크고 코끼리보다는 작은 개미는 이 행성을 지배하는 자그마한 생명체다. 나의 대략적인 계산으로는 약 10^{15} 혹은 수백만조 마리의 개미들이 지구상에 존재하는 듯하다. 건조 중량으로 측정한 생물 중량 중 그들은 실로 엄청난 양을 차지한다. 브라질 중부 아마존 지역 마나우스 근처 숲을 예로 들면, 개미들과 흰개미들의 생물 중량을 합산한 것이, 작은 벌레와 다른 무척추동물로부터 큰 덩치를 가진 척추동물까지 모두 합산한 생물 중량의 4분의 1을 차지한다. 개미들만 따져도 조류, 양서류, 파충류, 포유류를 모두 합한 양보다 네 배나 큰 생물 중량을 보인다.

우리는 지금도 야생을 산다

개미들이 차지하는 이러한 비율은 전 세계적으로 중요하다고 여겨지는 대부분의 육상 서식처에서도 마찬가지다. 가장 고도로 발달된 사회 조직을 가진 개미와 흰개미, 여기에 그들과 비교할 만한 집단 조직을 갖춘 사회성 말벌과 꿀벌을 합하면, 이들이 차지하는 비율은 곤충 전체를 합산한 생물 중량의 80퍼센트를 차지한다. 이 사회성 곤충들은 북극권에서부터 티에라델푸에고(남아메리카 대륙 남쪽 끝에 있는 섬 ─ 옮긴이)와 태즈메이니아(오스트레일리아 남동쪽에 있는 섬 ─ 옮긴이)에 이르기까지 곤충 세계에서 우위를 점하고 있다. 사실 개미는 그들만 한 크기를 가진 다른 곤충들의 포식자들이다. 그들은 작은 동물들의 시체 90퍼센트 이상을 없애 버리는 '공동묘지 군단'이다. 집단생활을 하는 사회성 곤충들은 종수로 보면 지구상에 알려진 곤충들의 2퍼센트에 불과하지만 생물 중량 면에서는 압도적인 우위를 차지하고 있다.

개미들은 중생대 백악기 중기부터 지금까지 약 1억만 년 동안 존재해 왔고, 과거 5000만 년 동안 가장 번성한 곤충들 중 하나로 자리매김해 왔다. 1967년 나는 하버드 대학교의 두 동료와 함께 진화사의 잃어버린 고리 중 하나였던, 중생대에 처음 출현한 개미에 대해 기술하는 특권을 누렸다. 뉴저지에서 한 아마추어 수집가가 발견한 표본과 우리가 말벌개미(*Sphecomyrma*)라고 이름 붙인 표본들은 놀랍게도 말벌의 조상으로 추정되는 곤충과 현존하는 개미의 특징을 모두 지니고 있었다. 이후에 러시아 사람들이 대략 같은 시대의 것으로 추정되는 새로운 화석을 가지고 왔다.

개미 사회의 위대한 성공

개미들은 어떻게 인류와 그 직계 조상들이 살아온 역사보다 50배나 오랜 기간 동안 모든 생명체들보다 우월한 위치에 머무를 수 있었을까? 내가 생각하는 바를 단도직입적으로 설명하고, 그 안에 함축된 주제에 대해 이야기해 보겠다.

개미나 다른 사회성 곤충들이 생태계에서 우위를 차지할 수 있는 것은 그들의 사회 조직이 그들에게 독립생활을 하는 다른 곤충들보다 유리한 위치를 부여하기 때문이다. 열대 우림이나 사막, 그 어디서든지 사회성 곤충들은 그 환경에서 가장 자원이 풍부하고 안정적인 중심부를 차지하고 있다. 독립생활을 하는 곤충들은 비록 수가 많다고 해도 서식지를 다만 일시적으로 점유할 수 있는 이인자에 불과하다. 그들은 수관(樹冠, 캐노피, 나무줄기 윗부분에 많은 가지와 잎이 달려 있는 부분—옮긴이)의 바깥 부분과 나무 속, 땅의 좁은 틈, 그리고 사회성 곤충들이 차지하지 않은 나머지 부분에 집중적으로 분포한다.

개미 집단은 하나의 초유기체로 간주될 수 있다. 그들은 포식 지역을 덮고 있는 거대한 아메바와 같은 존재로서 식량을 모으고, 적들이 자신들의 군락에 가까이 오기 전에 공격을 개시한다. 동시에 그들은 집에 남아 있는 여왕과 알, 애벌레, 번데기 등 다양한 모습으로 존재하는 어린 개미들을 돌본다. 그들은 높은 효율성을 가진 분업 구조를 통해 이 모든 일을 해낸다. 가장 중요한 것은 그들이 이 모든 일을 동시에 빠르게 해치운다는 것이다. 저지되지 않는 적들은 아무도 없으며, 운 나쁘게 나무에서 떨어진 애벌레 하나도 절대 그냥 남겨 두지 않는다.

또한 그 구성원들은 공동의 이익을 위해서라면 집단 생산성을 크게 감소시키지 않는 범위 내에서 위험을 감수하고 스스로 목숨까지 희생시킨다. 그들은 공동의 어머니인 여왕과의 일체감을 통해 진화론적인 의미에서 볼 때 독립생활을 하는 곤충들보다 훨씬 더 큰 위험도 무릅쓴다. 그들은 집단 방어를 하기도 하고, 폰 클라우제비츠(프로이센의 탁월한 군사 전략가이자 『전쟁론(Von Kriege)』의 저자—옮긴이)만큼이나 세련된 방식을 이용해 동료들을 전쟁터로 불러 모으기도 한다.

개미 집단은 사회생활을 하거나 독립생활을 하는 지금까지 알려진 동물들 중에서 가장 호전적이다. 대부분의 개미 종들은 번식 능력이 없는 일개미들이 물밀듯이 쳐들어가는 가미카제식 돌격으로 세력권 다툼을 벌이는 일이 흔하다. 미국 남서부의 사막에서 도리머멕스속(Dorymyrmex) 개미 정찰병들은 자신들의 라이벌인 머메코시스터스속(Myrmecocystus) 개미의 집을 발견하면 둥지 입구를 에워싸고, 입구 주변에 있는 작은 돌들을 물어다 개미집 안으로 떨어뜨린다. 머메코시스터스속 개미들은 계속해서 저항하지만, 적어도 잠시 동안은 집 입구를 막아 버리는 모래더미 아래 묻혀 버린다.

말레이시아 열대 우림에 살며 캠포노터스속(Camponotus)에 속하는 일개미들은 아래턱에 괴상하게 비대해진 분비샘 한 쌍을 가지고 있다. 몸통 중 많은 부분을 차지하는 이 분비샘은 끈적끈적

개미 사회의 위대한 성공

한 독성 화학 물질을 담고 있다. 이 일개미들은 적들이 들이닥쳐 위기 상황이 되면 배 근육을 수축시켜 적의 얼굴에 독성 화학 물질을 뿜어 댄다. 일종의 걸어 다니는 폭탄이라고 할 수 있다. 이들은 자신의 목숨을 몇 마리 적과 거래한다. 진화적인 관점에서 볼 때 이는 매우 훌륭한 전략이다.

개미 사회가 성공할 수 있는 또 다른 이유는 그들이 자신의 집을 풍토를 조절할 수 있는 공장이자 요새로 유지하기 때문이다. 여왕과 육아를 담당하는 일개미들은 집 안에서 어린 개미들을 키우며 부지런히 개체군을 증가시킨다. 한편 개미집 자체는 적들을 방어하기 위한 것이다. 개미집은 매우 공격적인 일개미들에 의해 보호되며, 많은 종들이 이와 같은 전문화된 병정 계급을 가지고 있다. 이 개미들은 집 주변의 넓은 지역을 통제하며 그곳에서 먹이를 거둬들인다. 더 나아가 많은 공을 들여 지은 집을 그 주변의 세력권과 함께 자손들에 유산으로 남길 수 있다. 핀란드 남부에는 흙을 쌓아 올려 집을 짓는 개미들이 사는데 이들의 집은 2미터 높이로 지어진 수백 년이나 된 것들이다. 이러한 집들은 사회 시스템과 더불어 개미들이 환경을 지배할 수 있는 큰 규모의 밀집된 개체군을 형성할 수 있도록 해 준다.

이 놀라울 만큼 복합적인 활동들은 모두 본능적인 것이며 유전자를 통해 발현되는 것이다. 이 활동들이 학습되거나 '문화적으로 전수되기'는 아마도 어려울 것이다.

나는 여기서 개미 세계가 이루어 낸 고도의 문명화가 어떤 것인지 두 가지 사례를 통해 그 사회적 원리들을 좀 더 명쾌하게 설명하려 한다. 두 가지 모두 내가 직접 관찰한 것이며, 첫 번째 종에 대한 연구의 상당 부분은 베르트 휠도블러(Bert Hölldobler) 박사와 함께 수행한 것이다.

그 기원이 에오세 후기까지 거슬러 올라가는 아프리카 베짜기개미(Oecophylla)와 아시아 베짜기개미는 최소 5000만 년 동안 살아온 종으로서 열대림의 수관층에 산다. 이 개미들이 수관층의 많은 부분을 점유하고 있는 것은 각 개체의 몸집이 큰 이유도 있겠지만 이들 개체군 크기 때문이기도 하다. 잘 발달한 군체는 일개미를 20만 마리 이상 보유하고 있다. 이들 군체는 훌륭한 의사소통 체계 덕분에 수천 제곱미터에 걸쳐 있는 나무 여러 그루의 꼭대기를 점유할 수 있다. 전성기 로마 제국처럼 이들의 점령지는 긴밀한 네트워크로 연결되어 있다. 이 개미들은 일개미들이 먹이를 구하러 나간 동안 개미집을 방어할 수 있도록 수비대를 두고 있다. 이들은 명주실을 이용해서 터널과 파빌리온(야유회나 운동회에서 사용되는 큰 천막 같은 구조물 — 옮긴이)으로 이루어진 주거지를 만든다. 명주실을 이용해서 나뭇잎과 작은 가지들을 짜깁기하기도 한다.

각 군체에는 오직 한 마리의 여왕이 있다. 여왕은 딸들의 보살핌을 받는다. 군체는 암컷의 사회다. 수컷들을 기르기는 하지만 짧은 기간 동안만 개미집 안에 머물게 한다. 수컷의 역할은 단지 혼인 비행 때 공주개미들과 수정하는 것뿐이다. 수컷들은 이

개미 사회의 위대한 성공

의무를 이행하고 나면 곧 죽는다. 이 종의 일개미들은 여왕을 돌보고 먹이를 구해 오고 개미집을 짓고 방어하는 등 군체의 일상적인 살림을 꾸려 나간다. 소수의 일개미들은 어린 개미들을 돌보는 일을 맡아 하는 보육 계급에 속한다.

각각의 군체는 명주실로 이어진 망상 구조에 나뭇잎들을 뭉쳐 만든 수백 개의 파빌리온을 갖고 있다. 하나의 파빌리온에 수천 마리의 일개미를 수용할 수 있다. 군체가 점령한 지역의 외곽에 있는 파빌리온에는 주로 가장 나이 든 개체들이 거주한다. 이들 대부분은 개미 사회의 전사들로서 군체를 지키기 위해서라면 목숨도 쉽게 버릴 수 있다. 개미 사회와 인간 사회의 근본적인 차이 중 하나는 인간이 자신의 젊은 아들을 전장에 내보내는 반면에 개미는 늙은 딸을 전장으로 보낸다는 점이다.

또 하나 다른 점은 우리 인간은 자기중심적인 경향이 있고, 주로 시각과 청각을 이용해서 의사소통하는 반면에 개미들은 대부분 미각과 후각을 의사소통에 이용한다는 것이다. 대다수의 종의 일개미들은 몸에 10~20개의 엑소크린 분비샘을 가지고 있으며 이곳을 통해 이런 저런 방법으로 화학 물질을 분비하여 동료들로 하여금 냄새를 맡고 맛을 보게 한다. 일개미들은 이 분비물을 이용해서 경고 메시지를 보내고, 동료들을 불러 모으고, 동료를 알아보고, 계급을 인식하는 등 다양한 일을 수행한다.

베짜기개미는 아마 동물계 전체를 통틀어 가장 복잡한 화학 시스템을 가지고 있을 것이다. 일개미들은 페로몬이 분비되는 상황과 자신들이 사용하는 촉각 신호(두드리거나 접근하거나 돌진하거나 다른 개미들 위에 기립하는 방법)에 따라 구별되는 적어도 다섯 가지 이상의 동료 호출 신호를 가지고 있다. 조합된 신호들은 개미들에게 어떤 상황인지 어떻게 행동해야 하는지 알려 준다. 베짜기개미들이 사용하는 다섯 가지 동료 호출 신호를 인간의 언어로 바꾸어 보면 "적이 가까이 있음", "적이 멀리 있음", "새로운 점령지 발견", "파빌리온 건축 장소 발견", "식량 발견" 등이다.

가장 놀라운 것은 이 개미들이 파빌리온을 건축하는 방법이다. 여기서 베짜기개미라는 이름이 나왔다. 이들의 작업은 고도로 전문화, 조직화되어 있다. 먼저 일개미들이 모여서 하나의 큰 덩어리를 이루는데 이는 그 무게로 잎을 접고, 그것을 함께 이동시켜 명주실로 잇는 작업을 하기 위한 것이다. 개미들은 서로의 허리춤을 단단히 잡아 하나의 살아 있는 사슬을 만든다. 하나의 사슬로 충분하지 않을 때는 넓게 퍼져 살아 있는 사슬들로 판을 만들고, 필요에 맞게 식물의 모양을 바꾼다. 잎의 형태가 적당히 잡히면 담당 일개미들이 작고 굼벵이처럼 생긴 애벌레들을 데려온다. 이들은 성장 단계 막바지에 이른 어린 자매들로서 살아 있는 베틀 역할을 한다. 일개미는 명주실을 붙이고 싶은 곳에 애벌레의 머리를 대고 더듬이로 애벌레를 건드린다. 명주실을 뽑아내라는 신호다. 애벌레가 실을 뽑아내면 애벌레를 옆으로 당겨 또 다른 잎의 가장자리에 붙인다. 실제로 이 과정은 수천 번 이상 반복되며, 애벌레에게 일집 하나를 만들 만큼의 명주실도 남지 않

개미 사회의 위대한 성공

을 때까지 계속된다. 그러나 이것은 애벌레에게 문제가 되지 않는다. 어쨌든 이 벌거숭이 번데기들은 무시무시한 군체 안에서 보호를 받으며 성체로 자라게 될 테니까.

고도의 문명화를 보여 주는 두 번째 표본은 아메리카 대륙의 열대 지역에 사는 잎꾼개미(애타속, *Atta*)다. 여기에는 대략 12개의 종들이 포함되어 있는데, 모두 당당한 비율로 농경 계급을 유지하는 비슷한 습관을 가지고 있다. 이들은 대부분 신선하게 경작된 채소나 잎에서 기른 버섯을 먹고 산다. 때로는 식물의 액즙을 약간 먹기도 한다. 오직 한 종류의 버섯만 길러지는데, 어떤 종류의 버섯이 길러지는가는 전적으로 개미들에게 달려 있다.

군체는 엄지손가락 반만 한 크기의 여왕에 의해 만들어진다. 여왕은 처녀인 상태에서는 날개를 지니고 있다. 그녀는 혼인비행을 위해 어미의 집을 떠난다. 그녀는 공중에서 자매들, 다른 군체로부터 온 여왕들과 함께 수백만 마리의 집단을 이루고 있다가 짧은 생애에 의미를 부여하는 유일한 행위를 위해 날아오른 수컷들을 만난다. 여왕이 공중에서 다섯 마리 혹은 그 이상의 수컷들과 계속 짝짓기를 하는 동안, 수컷들로부터 받은 정자는 수란관 옆에 있는 신축성 있는 작은 주머니에 저장된다. 이 정자들은 10~15년 되는 군체의 지속 기간 동안 200만~300만 마리의 일개미들을 유지할 수 있는 양이며, 일개미 1억 5000만 마리를 만드는 데 필요한 알들을 수정시키기에 충분한 양이다.

짝짓기가 끝나면 여왕은 땅에 내려앉는다. 이때 여왕의 얇고

마른 날개가 절단선을 따라 고통 없이 잘려 나간다. 여왕은 땅 위에 구멍을 파고 알을 낳을 준비를 하고 군체를 만들기 시작한다. 여기서 잠깐. 독자들은 아마도 여왕이 어떻게 버섯 농장을 만드는지 무척 궁금할 것이다. 여왕은 어미의 집을 떠나기 전에 버섯 씨를 조심스럽게 모아서 입 아래 있는 특별한 주머니에 차곡차곡 넣어 둔다. 이제 그녀는 그 버섯 씨들을 토해 내고, 알을 낳고, 알과 자신의 배설물을 이용하여 개미집 바닥에서 버섯 농장을 시작한다.

잎꾼개미들은 정교한 분업 체계를 지니고 있는데, 이것은 다양한 몸 크기(머리 너비가 0.8밀리미터에서 5밀리미터에 이른다.)에 따른 계급에 기초하고 있다. 잎꾼개미 군체들은 이러한 분업 체계 덕분에 농업 경제를 일으키고 유지할 수 있다. 개미들은 잎과 버섯을 처리하기 위해 가장 큰 개체들로부터 작은 개체들 순으로 사슬처럼 이어진 작업 라인을 만들어 낸다. 수천 마리가 동시에 작업하는데, 가장 덩치 큰 개체들은 집으로부터 100미터나 떨어진 먼 것에서 일사불란하게 잎과 꽃, 가지들을 잘라낸다. 이들은 잘라 낸 조각들을 우산처럼 머리에 이고, 배 끝부분에 있는 독샘에서 나오는 디메틸피라진이라는 화학 물질이 뿌려진 길을 따라 집으로 돌아온다. 이 물질은 아주 강력해서 단 몇 개의 분자만으로도 개미를 자극하기에 충분하다. 화학자들은 디메틸피라진 단 1그램이면 개미떼가 지구를 두 바퀴 돌게 하기에 충분하다고 이론적으로 추정하고 있다.

개미 사회의 위대한 성공

가장 큰 개미들은 에너지 소비 또한 대단하다. 나는 재미 삼아 이들이 잎을 나르는 동안 움직이는 속도를 인간의 경우로 환산해 보았다. 예를 들면 키가 1.8미터인 개미가 1.6킬로미터를 가는 데 3분 45초가 걸리는 속도로 달리고 있는 셈이다. 이는 인간이 세운 달리기 기록에 맞먹는다. 장거리 달리기 코스 마지막에 이르면, 이들은 140킬로그램 혹은 그보다 더 무거운 짐을 메고 이전보다 약간 느린 속도인 1.6킬로미터를 4분에 달리는 속도로 집으로 돌아온다. 집에 도착한 후에도 통로와 작은 방들을 지나야만 짐을 내려놓을 수 있으며, 어떤 때는 다시 1.6킬로미터나 되는 거리를 아래로 기어 내려가야 하는 경우도 있다.

작업 라인으로 돌아가 보자. 집에 도착하면 잎 조각들은 1밀리미터 크기로 아주 작게 잘라야 하는데, 그 일은 좀 더 작은 크기의 일개미에게 맡겨진다. 잘려진 작은 조각들은 더 작은 일개미들의 손에 넘어가고, 그들은 잘려진 조각들을 씹어서 조그만 덩어리로 만든 후 그 위에 배설한다. 잎 뭉치에 소화 효소를 섞기 위한 행동이다. 이 효소들은 잎꾼개미들이 먹는 버섯에서 발견되는 것으로 소화되어 분해되지 않은 채 개미들의 위장을 통과해 나온다. 이제 더 작은 몸집을 가진 일개미들이 잘려지고 뭉쳐진 잎 조각들을 가지고 버섯 농장에 스펀지 같은 구조물을 세우기 시작한다. 이들은 여기저기에서 자라는 버섯들에게 실뭉치를 뽑아내어 잎 덩어리 위에 심는다. 가장 작은 개미들(가장 많은 개체를 갖고 있는 계급에 속한다.)은 잡초 버섯들을 뽑아내고 정교한 원예 기술을 발휘하여 버섯을 기른다.

내가 실험실에서 진행한 연구들은 시간이 지나면서 군체가 10만 마리 정도의 일꾼을 가지게 됨에 따라 개미들의 몸 크기에 따른 분포가 어느 정도 예측 가능한 '정해진 인구 구조' 속에서 변화한다는 사실을 보여 주었다. 각 계급의 출생과 사망은 거의 같은 식으로 진행된다. 놀라운 것은 여왕이 처음 땅속에 방을 만들었을 때 생산한 일개미들의 분포가 작업 라인을 위해 필요한 최소한의 개체수 비율과 거의 일치한다는 것이다. 행여 여왕이 먹이를 지나치게 많이 먹어서 너무 커다란 일개미들을 생산하는 실수를 한 번이라도 저지른다면 작업 라인에 필요한 다른 일꾼의 수가 부족해지고 결국 군체의 기능은 정지될 수도 있다. 이러한 사회 활동에 따른 개체 분포는 거의 확실하게 자연 선택을 통해 형성되어 온 것으로 보인다.

개미들은 다양한 방법으로 우리의 독창성을 자극하고 우리의 주목을 끈다. 그들의 사회 질서는 거의 모든 핵심적인 면에서 우리와 다르다. 인류가 처음 땅 위를 걸었던 때는 말할 것도 없고 처음 영장류가 출연했을 당시보다도 훨씬 더 오래전에 그들은 육지 환경의 대부분에 대한 통제권을 장악했다. 그들은 거의 1억만 년 동안 육상 생물들의 삶에 뚜렷한 자취를 남겨 왔다. 개미들은 그들의 위대한 성공과 오랜 생존을 통해 사회 생물학을 생태학과 진화 연구와 한데 묶는 원리를 보여 주는 존재로서 우리에게 수많은 가르침을 주고 있다.

개미 사회의 위대한 성공

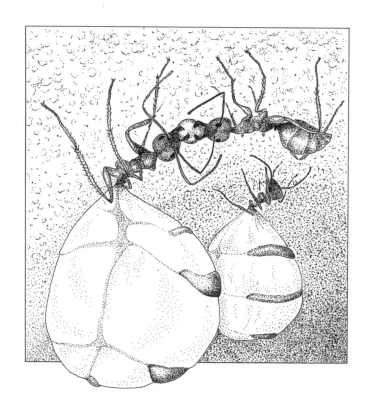

개미들의 만찬

햇살이 쏟아지는 멕시코 유카탄 반도에는 검은색 거인 개미들이 산다. 일개미 한 마리가 같은 계급의 동료들과 함께 흙집에서 나와 가까이 있는 나무에 맺힌 반짝이는 이슬방울을 향해 기어 올라간다. 일개미는 자신의 목숨과 종족의 운명을 걸고 임무를 수행해야 한다. 일개미는 입을 크게 벌려 이슬방울을 머금은 후 흙집으로 돌아온다. 그녀는 다른 일개미들이 물을 조금 얻어 마실 수 있도록 집 입구에서 잠시 멈췄다가 수직으로 된 통로를 따라 어린 애벌레들이 있는 방으로 간다. 그녀는 가져온 짐의 일부를 고치 위에 듬뿍 바르고, 나머지는 목마른 애벌레들에게 나눠 준다.

가뭄이 오면 개미 군체는 말라죽어 버릴지도 모르는 치명적

개미들의 만찬

인 위험에 직면하게 된다. 이는 다른 사회성 곤충들도 마찬가지다. 많은 일개미들이 물이 있는 곳이라면 그곳이 어디든 상광하지 않고 끊임없는 왕복 여행을 한다. 그들은 동료들과 물을 나눠먹기도 하고, 가장 예민한 성장 발달 단계에 있는 어린 자매들을 보호하기 위해 육아실 바닥에 물을 떨어뜨려 공기와 토양의 습도를 유지시키기도 한다. 군체는 이러한 협동 행동을 통해 최악의 위기에도 살아남아 성장한다.

거구의 열대 침개미인 뚱보침개미(*Pachycondyla villosa*)는 곤충 세계의 강가딘이다. 성체의 몸길이가 1센티미터가 넘는 이 개미는 인간에게 며칠 동안 지속되는 욱신거리는 고통을 줄 수도 있다. 그러나 과학자들의 특별한 관심을 끄는 것은 이들의 물을 나눠마시는 행동이다. 음식과 물을 나누는 행동은 진보된 사회성 행동 중에서 지배나 통솔 또는 다른 종류의 상호 작용보다 중요한 부분을 차지한다. 나누는 행위가 자손의 범주를 넘어 형제자매나 먼 친척으로 확산되어 진정한 이타주의의 수준에 이르면, 그것은 사회적 연대를 강화하고 동물계에서 가장 복합적인 의사소통 체계를 갖는 진화를 이끌어 낼 수 있다.

비슷한 유형의 발달이 인간의 사회적 행동의 진화에도 핵심적인 역할을 했을 수 있다. 많지 않은 화석 증거들이지만 200만 년 혹은 그 이전에 아프리카에서 살았던 '진정한' 최초의 인류인 호모 하빌리스가 자신이 구해 온 음식을 동료들과 나눴다는 사실을 보여 주고 있다. 인류학자들은 선사 시대 동안 지속되고 강화된 이러한 합의가 복합적인 의사소통 체계와 장기적인 상호 협약, 궁극적으로는 독특하고 부유한 사회의 존립을 가능하게 했다고 생각한다. 오늘날 대부분의 문화에는 유대 의식과 통과 의례로서 음식을 나누는 행동이 존재한다.

나누는 과정은 곤충들의 사회생활의 핵심적인 부분이기도 하다. 예를 들어 뚱보침개미들이 물방울을 나르는 행위는 공동 급식을 위한 그들 시스템의 일부이다. 일개미들은 꽃꿀을 채집하여 자신의 턱 사이에 넣어 집으로 가져온다. 잠시 동안 한 개체의 입에 저장되었던 액체가 동료들에게 분배된다. 먹이를 구하러 갔던 개체가 처음 집에 들어섰을 때는 하나의 커다란 방울이었던 액체가 10여 마리의 일꾼들에게 전해진다. 개미들은 다른 곤충을 사냥하기도 하는데, 이들은 사냥한 곤충을 집으로 가져와 잘게 토막 낸 후 동료들과 나눠 먹는다.

휠도블러 박사는 물방울을 나르는 행위가 뚱보침개미속에 속하는 원시적인 개미 집단에 널리 퍼져 있는 행동이라는 사실을 발견했다. 침개미아과(Ponerinae)에 속하는 이 열대성 개미들의 기원은 지금으로부터 7000만 년 전인 중생대로 거슬러 올라간다. 이들은 대부분 침을 가졌으며, 살아 있는 먹이를 사냥한다. 그리고 이 개미종들은 그들의 일개미들이 무리를 지어 사냥을 하며, 대부분 포유류에 비견할 만한 복잡한 사회 구조와 의사소통 방식을 가졌다. 이중 몇몇은 흰개미 군체나 다른 개미종들을 능가하는 무시무시한 공습 부대를 조직하기도 한다.

개미들의 만찬

이러한 정교한 곤충 행동들에 비하면 물방울을 나르는 일은 아주 초보적인 일이다. 다른 일개미들은 더듬이와 다리로 물방울을 나르는 개미를 가볍게 건드려 물을 구걸한다. 이러한 신호의 조합 체계는 동료들에게 새로운 집의 위치와 먹이가 있는 곳을 알리는 습성을 지닌 다양한 원시 개미류 사이에서 동일하게 나타난다. 개미의 진화 단계에서 동료를 불러 모으는 기능이 먼저 나타나고 이후에 물을 나누어 먹는 행동이 시작된 듯하다.

오늘날 지구상에 살고 있는 것으로 알려진 9500종의 개미들 중 상당수가 좀 더 현명하게 액체를 나누어 먹는 방식을 진화시켜 왔다. 물, 꽃꿀, 가끔은 용해된 지방들이 식도를 타고 내려가서 소장까지, 그리고 작은 풍선처럼 줄어들었다 부풀었다를 반복하는 근육 조직까지 퍼진다. 액체를 잔뜩 마신 일개미는 소장이 팽팽해지면서 배 전체가 부풀어 오른다. 집 주변을 맴도는 개미들 앞에 설탕물이나 꿀물 단지를 놓고 마음껏 먹도록 놔두면 이러한 현상을 관찰할 수 있다. 그들은 (보통 정확하게 똑바른 길을 따라) 집으로 돌아가 다른 동료들에게 입과 입을 맞대고 액체를 토해 내어 전해 준다.

여기서 이야기는 한층 더 흥미롭고 의미심장해진다. 몇 해 전, 횔도블러 박사는 좀 더 진화한 개미종의 일개미들이 수송 개미의 아래턱을 더듬이와 앞다리로 가볍게 두드리며 음식을 달라고 조르는 것을 발견했다. 이 일개미의 아래턱은 보통 아랫입술 역할을 하는 입의 아랫부분에 달려 있으며 판 모양을 하고 있다.

우리는 지금도 야생을 산다

이렇게 자극을 받은 일개미는 자동적으로 그들의 소장으로부터 음식을 올려 턱 사이에 있는 공간에 물고 있게 된다. 횔도블러 자신도 일개미의 아래턱에 난 털을 건드려서 똑같은 반응을 일으킬 수 있었다. 또한 그는 개미에 기생하는 딱정벌레를 발견했는데, 이들은 자신의 숙주인 개미에게 그의 동료들이 음식을 구걸하는 행동을 흉내 내어 공짜로 음식을 얻어 먹는다. 개미들은 그 딱정벌레가 전혀 다른 생김새를 하고 있고 결코 어떤 음식으로도 보답하지 않는다는 것을 알아채지 못하는 것 같았다.

횔도블러 박사가 이 연구를 진행하고 있는 동안, 나는 코넬 대학교의 토머스 아이스너(Thomas Eisner)와 함께 방사성 물질이 섞인 설탕물을 이용해 검은불개미(*Formica subsericea*) 군체 안에서 액체 음식물이 어떻게 나눠지는지를 실험했다. 섭취한 음식물을 서로 나누는 행위가 진행되는 24시간 동안 한 마리 일개미가 가지고 들어온 액체 음식물의 일부가 집 안에 있는 모든 개체들에게 전해진다는 사실을 알게 되었다. 일주일 안에 군체의 모든 개미들이 대체로 같은 양의 방사성 물질을 지니게 되었다. 개미의 소장이 '사회적인 위장'으로 기능할 것이라고 주장한 초창기 곤충학자들의 견해가 옳았음을 확인한 셈이다. 일개미 한 마리의 위장에 있는 음식물은 대체로 군체의 나머지 구성원들이 지니고 있는 것과 비슷하다. 따라서 군체가 전반적으로 굶주리고 있을 때는 먹이를 찾고 있는 일개미들도 그들과 비슷하게 굶주린 상태다. 군체가 특정 영양소를 필요로 할 때 먹이를 찾고 있는 개미들은 그 영양소가 들어 있는 먹이를 찾게 된다. 특별한 지시는 필요 없다.

지구상의 주요한 사막들에 사는 몇몇 왕개미 종류와 다른 종류의 개미들은 그들의 사회 안에 특별한 저장 계급 개미들을 진화시켜 매우 극단적인 형태로 액체 음식물을 교환해 왔다. 몇몇 덩치 큰 개미들에게는 어렸을 때부터 달콤한 액체가 특별히 많이 주어졌으며, 그 결과 이들의 배는 커다란 반투명 방울처럼 불룩해졌다. 일단 그렇게 되면 이들은 나머지 생애 동안 대부분 한 장소에 머문다. 적들이 생활 구역 안으로 침입했을 때나 개미집의 조건이 더 이상 생활할 수 없을 정도로 불편해졌을 때만 천천히 몸을 이끌고 새로운 장소로 이동한다. 곤충학자들이 '뚱보'라고 부르는 이 개체들은 살아 있는 액체 음식물 저장소라고 할 수 있다. 개미집 주변의 공기가 비교적 시원하고 먹이도 풍부한 우기 동안에는 일개미들이 구해 온 액체 음식물을 토해 내어 최대한 이들의 배를 채운다. 가장 무덥고 건조한 시기가 되면 이번에는 저장 개미들이 다른 개미들을 위해 몸 안에 비축된 식량을 토해 낸다.

물방울을 나르는 일에서 토해 내는 일에 이르기까지 액체와 다른 음식물을 나누려는 노력은 개미 군체의 구성원들을 결속시키고 그들의 행동을 조직화하는 데 중요한 역할을 한다. 여러 해 동안 많은 노력을 기울였음에도 불구하고 사회성 곤충을 연구하는 학자들 중 어느 누구도 이러한 행동을 지휘하는 본부를 찾지

우리는 지금도 야생을 산다

못했다. 어떤 개체도, 심지어 주로 생식을 담당하는 거대한 개체인 여왕조차도 군체의 활동에 대한 전반적인 계획을 수립하지 않는다. 개미나 꿀벌 군체의 활동은 엄청난 수의 개체들이 개별적으로 내린 결정들의 총합이다. 모든 개체들이 위장에 대체로 비슷한 구성물을 지니고 있을 때, 개별적인 결정들은 비슷해지고 조화로운 집단 행동이 가능해진다.

일개미들은 약 100만 개의 신경 세포로 이루어진 뇌를 가지고 있다. 개미보다 100만 배나 더 무거운 인간은 약 100조 개의 신경 세포로 이루어진 두뇌를 가지고 있다. 그에 따라 곤충들은 체질적으로 그다지 영리하지 않으며, 자신들의 군체를 유지하기 위해 획일적인 식량 분배와 같은 자동화된 시스템에 의존해야 하는 존재이다. 이것이 개미들이 매우 인상적인 사회적 성공을 거뒀음에도 불구하고 대부분이 공룡 시대 이후 외적인 변화를 거의 보이지 않은 이유다. 그리고 이것이 성마르고 조급한 우리 인간보다 그들이 오래 오래 계속해서 생존할 것 같은 이유이기도 하다.

본성의
탐구

이타주의와
공격성

20세기에 있었던 전쟁 기간 동안 미국 명예 훈장의 대부분은 동료들을 보호하기 위해 수류탄 위로 몸을 던져 자신의 목숨을 희생시키거나, 사려 깊고 비범한 결정을 내려 같은 결과를 이끌어 낸 수많은 사람들에게 수여되었다. 이런 이타적인 자기희생은 진정한 용기가 무엇인지 보여 주는 행동이며 국가의 명예를 드높이는 행위다. 소소한 친절 행위를 넘어선 이와 같은 극단적인 행동은 사회적 결속을 강화한다. 사람들은 이런 이타적 행동을 단순히 인간 본성이 지닌 훌륭한 측면의 하나로 받아들이고 싶어 한다. 이 문제에 대한 가장 그럴듯한 해석은 의식적인 이타주의를 인간을 동물로부터 구별하는 선험적인 특질이라고 보는 것일 것이다. 그러나 과학자들은 어떤 현상이 접근 금지 영역에 있다

이타주의와 공격성

고 선언하는 것을 좋아하지 않는다. 그들은 지난 20년 동안 이런 형태의 사회적 행동들에 지속적인 관심을 보이면서 매우 깊이, 그리고 가능한 한 객관적으로 분석하려고 노력해 왔다.

많은 새로운 시도들이 '사회 생물학(sociobiology)'이라고 불리는 학문 범주 안에서 이루어지고 있다. 사회 생물학은 인간을 포함한 모든 생명체가 보여 주는 사회적 행동의 생물학적 기초를 체계적으로 연구하고, 생물학, 심리학, 인류학의 연구 결과들을 종합한다. 사회적 행동을 분석한다는 면에서는 새로운 것이 하나도 없으며, 심지어 '사회 생물학'이라는 용어도 이미 수년 전부터 존재해 온 것이다. 새로운 것은 심리학과 동물 행동학(동물 행동의 자연사)의 전통적인 기반으로부터 사실과 아이디어를 뽑아내어 유전학과 생태학의 원리에 맞게 새로 짜 맞추는 방식에 있다.

사회 생물학은 다양한 종류의 동물과 인간의 사회를 비교하는 데 초점을 맞추고 있다. 그러나 이들 사이의 공통점만 찾으려고 애쓰는 것은 아니다. (늑대와 인간의 공격성을 직접 비교하는 것은 종종 위험한 오해를 불러일으킨다.) 사회 생물학자들은 사회적 행동에 내재된 유전적 기초에 관한 이론을 창안하고 실험한다. 사회 생물학자들은 유전적 진화를 염두에 두고 어떤 생물종이 어떤 형태의 사회 조직을 진화시켜 왔으며, 그들의 사회 조직이 환경적 위험에 어떻게 대응하는지를 연구한다.

문제는 이타주의다. 매나 비비(baboon) 같은 고등 동물들이 우리 사회의 기준에 다라 명예 훈장을 받을 만한 자격이 있는지는

우리는 지금도 야생을 산다

의심스럽다. 그러나 인간의 기준으로도 쉽게 이해할 수 있는 형태의 사소한 이타적 행동들이 자주 일어나고 있으며, 그런 행동은 새끼들뿐만 아니라 같은 종의 다른 개체들까지 대상으로 하고 있다. 예를 들면 울새나 지빠귀, 박새 등 작은 새들은 동료들에게 매가 접근해 오고 있음을 경고하는 행동을 한다. 이들은 몸을 낮추고 갈대피리 소리같이 가늘고 특이한 소리를 낸다. 비록 이 경고음이 음향학적으로 소리 나는 곳을 분별하기 어렵게 하는 특성을 지니고 있기는 하지만, 휘파람을 부는 행위 자체는 최소한의 이타적인 행동으로 볼 수 있다. 적의 접근을 알아차린 개체가 숨죽이고 숨어서 다른 개체가 희생되기를 기다릴 수도 있는 일이기 때문이다.

돌고래 한 마리가 작살에 맞거나 심하게 다쳤을 때 다른 동료 돌고래들에게서 기대할 수 있는 반응은 즉시 그 지역을 떠나서 위험을 피하는 것일 것이다. 그러나 때로 그들은 부상당한 돌고래를 에워싸고 물 위로 올라가서 공기를 들이마실 수 있도록 돕는다. 육식성 포유동물 중 가장 사회성이 강한 동물인 아프리카들개 무리는 놀랄 만한 분업 체계를 갖추고 있다. 굴속에서 새끼를 기르는 기간 동안 우두머리 수컷이 이끄는 몇몇 성체들은 영양이나 다른 먹이를 사냥하기 위해서 새끼들을 뒤로하고 떠난다. 이때 최소 한 마리의 성체가 보호자로 남게 되는데 보통은 새끼를 낳은 어미가 남는다. 아프리카들개는 사냥을 마치고 돌아오면 포식한 먹이를 토해 내어 집에 남아 있던 개체들과 나누어 먹

이타주의와 공격성

는다. 심지어 아프거나 불구가 된 개체들까지도 먹이를 얻어먹을 수 있다. 그 결과 그들은 그만큼 관대하지 못한 사회에 소속되어 있는 경우보다 오랫동안 살아남을 수 있다.

인간을 제외한 모든 포유동물 중에서 가장 이타적인 것은 침팬지일 것이다. 침팬지들을 평소 채식을 주로 하며, 먹이를 찾아 소풍을 나갔을 때는 느긋하게 원숭이나 유인원들과 다를 바 없이 각자 먹이를 먹는다. 그러나 가끔 수컷 침팬지들이 다른 원숭이나 새끼 비비들을 먹이로 사냥하는 일이 발생하는데, 이런 일이 일어나는 동안은 무리 전체의 분위기가 인간 행동과 비슷한 상태로 변해 간다. 수컷들은 무리를 지어 일제히 사냥감을 추격하며, 그들에게 저항하는 사냥감의 친척들을 물리치기 위해 단결한다.

사냥꾼 침팬지들이 잡은 먹이를 나누고 축제를 열 때가 되면 다른 침팬지들이 음식을 구걸하기 위해 다가온다. 그들은 먹이와 그 수컷들의 얼굴을 어루만진다. 동시에 코를 쿵쿵거리고 다정스럽게 "후우" 하는 소리를 내면서 손바닥을 내밀며 애원한다. 가끔 고기를 먹고 있던 침팬지들은 거절의 의미로 구걸하는 개체를 밀어내거나 그 자리를 뜬다. 그러나 대부분 그들은 다른 침팬지들이 고기를 직접 입으로 뜯어먹거나 손으로 한 조각 떼어가는 것을 허락한다. 가끔은 고기 조각을 뜯어서 다른 침팬지들의 손이 닿을 만한 곳에 떨어뜨려 주기도 한다. 이는 다른 원숭이나 인간을 제외한 영장류에게서는 찾아볼 수 없는 관대한 행동이다.

침팬지들은 입양을 하기도 한다. 제인 구달(Jane Goodall)은 탄

자니아의 곰비 국립 공원에서 세 가지 입양 사례를 관찰한 적이 있다. 모두가 고아가 된 어린 침팬지를 성체가 된 형제자매들이 입양한 경우였다. 이런 이타적 행동이 새끼를 갖고 있거나 젖을 먹일 수 있고, 적절한 사회적 보호를 제공할 수 있는 암컷들이 아니라 가장 가까운 혈연관계를 통해 일어난다는 것은 짧게나마 이론적인 근거들을 토론해 볼 만한 상당히 흥미로운 일이다.

척추동물들 사이에서 이러한 사례들이 어느 정도 빈번하게 관찰되기는 하지만 그럼에도 불구하고 인간에 견줄 만한 이타적인 희생은 오직 그보다 더 낮은 수준의 동물, 특히 사회성 곤충들 사이에서 주로 발견된다. 개미, 벌, 말벌 군체의 상당수 구성원들은 집을 지키기 위해서라면 언제든지 침략자를 향해 미친 듯이 돌격할 준비가 되어 있다. 사람들이 꼬마꽃벌이나 니나니벌같이 독립생활을 하는 종들의 집 주변에서는 긴장을 풀면서도 꿀벌이나 땅벌의 집 근처에서는 아주 조심스럽게 움직이는 이유가 여기에 있다.

열대에 사는 침 없는 사회성 벌들은 집에 너무 가까이 접근하는 사람의 머리 위로 떼를 지어 모여든다. 그리고 턱으로 머리카락을 얼마나 세게 무는지(독침이 없는 벌은 침입자를 입으로 물어서 공격한다.—옮긴이) 잡아당겨 떼어내려 하면 벌의 머리 부분이 몸통에서 떨어질 정도이다. 몇몇 종들은 이러한 희생을 감수하는 공격을 하면서 타는 듯이 뜨거운 분비물을 피부에 뿜어 댄다. 브라질에서는 그들을 카가포고스(cagafogos, '불을 뿜는 자'라는 뜻)라고 부른

이타주의와 공격성

다. 위대한 곤충학자인 윌리엄 모턴 윌러(William Morton Wheeler)는 자신의 얼굴을 물어서 피부 조각들을 뜯어낸 이 '무시무시한 벌들'과의 만남에 대해 생애 최악의 경험이었다고 말했다.

꿀벌의 일벌들은 낚싯바늘처럼 구부러진 침을 가지고 있다. 이들이 침입자를 공격할 때 침은 피부에 걸리고, 벌이 날아가려고 하면 그 침은 독액샘 전체, 그리고 내장의 일부와 함께 몸속 깊숙이 박힌 채로 남게 된다. 공격을 감행한 벌은 곧 죽지만 그의 공격은 침을 그대로 빼낸 경우보다 효과적이다. 독액샘에서 독이 계속 흘러나와 상처에 스며들고, 침 끝에서 나오는 바나나 향은 벌집에 남아 있는 다른 동료들을 자극하여 가미카제식으로 침입자의 공격당한 부위를 공격하게 한다. 한 개체의 이런 자살 행동은 집단 전체의 관점에서 볼 때 손실보다는 이득이 많다. 2만에서 8만 마리에 이르는 일벌 무리가 유일한 어미인 여왕벌이 낳은 알에서 태어난다. 그리고 일벌들은 자연적인 수명을 다하고 죽을 때까지 약 50일 정도를 산다. 그러므로 한 개체가 스스로를 희생하는 것은 전체적으로 볼 때 유전자 손해가 없는 작은 희생에 지나지 않는다.

사회성 곤충의 예로 내가 가장 자주 언급하는 것은 거창하게 들리는 이름을 가진 글로비테르메스 술푸레우스(Globitermes sulfurous)라는 아프리카 흰개미다. 이 종의 병정 계급에 속하는 개미들은 말 그대로 걸어 다니는 폭탄이라 할 수 있으며, 거대한 한 쌍의 분비샘이 머리 뒷부분에서 시작되어 온몸에 분포하고 있다. 이들

우리는 지금도 야생을 산다

은 다른 개미나 적들을 공격할 때, 공기와 접촉하면 굳어지는 노란 분비액을 입을 통해 뿜어낸다. 이것은 병정개미와 침입자 모두에게 치명적인 결과를 가져올 수 있다. 병정개미는 배 표면의 근육을 수축시켜 분비액을 뿜어내는데, 가끔 수축 운동이 너무 강렬하면 배와 분비샘이 터지고 방어용 분비액이 사방으로 튀는 경우가 생기기도 한다.

이러한 극단적인 희생 능력을 공유한다고 해서 인간의 마음과 곤충의 마음(만약에 존재한다면)이 같은 방식으로 작동하는 것은 아니다. 그것은 그러한 충동이 신성하거나 초월적인 어떤 것들에 의해 지배되는 것은 아님을 의미하며, 우리가 좀 더 정형화된 이러한 설명을 찾는 것을 정당화해 준다. 그런데 이러한 설명은 '죽은 영웅은 더 이상 자손을 생산하지 못한다'는 근본적인 문제를 안고 있다. 다윈의 자연 선택론을 좁은 의미에서 적용해 보면, 자기희생은 자손들의 수가 줄어드는 결과를 초래하며, 영웅을 태어나게 하는 유전자 또는 형질 유전의 기초 단위들이 집단 내에서 점차 사라지게 될 것임을 예상하게 한다. 이기적 유전자를 가진 사람들이 이타적 유전자를 가진 사람들보다 더 우세하게 증가할 것이므로 이기적 유전자는 많은 세대를 거치면서 수적인 면에서 증가하고, 인간 집단 전체로 보면 이타적 방식으로 행동하는 능력이 점점 사라지게 될 것이다.

그렇다면 어떻게 이타주의가 유지될 수 있을까? 사회성 곤충의 경우에는 의문의 여지가 없다. 자연 선택에는 혈연 선택이라

이타주의와 공격성

불리는 과정이 포함된다. 흰개미 군체에서 자신을 희생하는 병정개미는 자신의 부모인 여왕과 왕을 포함한 다른 구성원들을 보호한다. 결국 번식력을 가진 병정개미의 형제와 자매들이 번성하게 되고, 그들은 근친 관계에 의해 그 병정개미와 공유한 이타적 유전자를 퍼뜨린다. 다시 그 유전자는 엄청난 수의 조카들에 의해 불어나게 된다.

인간의 이타적 능력도 혈연 선택에 의해서 진화되었을까? 어떤 훌륭한 사람이 남을 위해 스스로를 완전히 희생했을 때 우리는 어떤 생각을 하는가? 그의 그런 생각이 수백 수천 세대를 거치면서 그의 친척에게 유리하게 작용해서 궁극적으로는 그의 유전자를 공유하는 자손들이 보다 많아질 것이라고 생각하는가? 인류 역사의 대부분의 기간 동안 사회의 구성이 직계 가족과 가까운 친족의 밀접한 네트워크로 이루어져 왔다는 사실은 이러한 설명에 설득력을 더해 준다. 고도의 지적 능력 덕분에 가능했던 혈족에 대한 세심한 결속 의식과 결합된 이례적인 단결은 왜 혈연 선택이 원숭이나 다른 포유동물보다 인류에게 더 설득력을 가지는지를 설명할 수 있을 것이다.

사회 과학자들을 비롯한 많은 사람들이 제기할 수 있는 일반적인 반론들을 예상하여 미리 밝혀 두면, 나는 이타적인 행동의 의도나 실제가 상당 부분 문화적으로 결정된다는 것을 인정한다. 인간의 사회적 진화는 분명 유전적이기보다는 문화적인 것이다. 그럼에도 불구하고 사회 생물학자들은 모든 인간 사회에서 강하

우리는 지금도 야생을 산다

게 드러나는 근본적인 감정들이 유전자를 통해 진화한 것이라고 생각한다. 비록 이러한 가설로는 다양한 인간 사회들 간의 차이를 설명할 수 없지만, 왜 인간이 다른 포유동물과 다르며, 어떤 면에서 사회성 곤충들과 더 많이 닮았는지를 설명할 수 있을 것이다.

사회 생물학적 설명들이 검증을 거쳐 사실로 입증된다면, 그것은 철학적인 여유를 갖춘 인간 본성에 대한 새로운 통찰과 관점을 제공할 것이다. 나는 또한 그것들이 궁극적으로 사회적인 긴장을 완화하는 데 영향을 미칠 것이라고 믿는다. 동성애에 대해 생각해 보자. 동성애자들은 자신들에 대한 편협하고 불공정한 생물학적 전제 때문에 우리 사회에서 소외되는 전형적인 예이다. 그들의 성적 취향으로는 자손들을 생산하지 못한다는 것이 문제인 것이다. 그러나 동성애자들이 친족에 대해 충분히 이타적이라면 그들은 혈연 선택을 통해 자신들의 유전자를 복제할 수 있다.

수렵과 채집이 이루어지던 인류 진화사의 초창기 이후에도 동성애자들은 일정하게 부분적인 불임 계급으로 존재하면서 자신들의 자식을 직접 낳기보다는 좀 더 헌신적인 형태의 양육을 통해 친족들의 생활과 성공적인 생식을 돕는 방법으로 사회에 기여했으리라는 것을 상상해 볼 수 있다. 만약 서로 친족 관계인 이성애자들과 동성애자들로 구성된 집단이 순수하게 이성애자들만으로 이루어진 집단에 비해 통상적으로 더 많은 후손을 남겼다면, 동성애가 발달할 가능성은 그 집단 전체에 현저하게 남았을

이타주의와 공격성

것이다.

혈연 선택에 기초한 이 새로운 가설을 뒷받침하는 증거는 없으며 이러한 견해가 비판적으로 검토된 적도 없다. 하지만 내적인 모순 없이 다른 생물들을 대상으로 이루어졌던 혈연 선택 연구 결과들에 부합하는 이 가설은 동성애를 하나의 병리 현상으로 낙인찍어 버리기 전에 우리에게 잠시 생각할 시간을 준다. 만약 이 가설이 옳다면 많은 세대를 거치면서 동성애자들이 줄어들게 될 것이라고 예측할 수 있다. 왜냐하면 현대 산업 사회에서는 가족 집단들이 극단적으로 분산되어 있고 이에 따라 친족들을 우선시할 기회가 훨씬 줄어들기 때문이다. 동성애자들의 노동은 집단 전체에 고르게 퍼진다. 그런데 더 좁은 범위의 자연 선택은 이러한 종류의 이타주의를 선호하는 유전자들이 복제되는 것을 거역한다.

현대 사회 생물학은 이타주의의 정반대편에 있는 공격성을 해석하는 데 있어서도 조정자 역할을 할 수 있다. 개체의 행위로 볼 때 공격성은 반사회적 행동으로 정의하는 것이 더 정확하기 때문에 공격성을 사회적 행동의 한 형태로 보는 것은 모순처럼 보인다. 그러나 사회적 맥락에서 보면 공격성은 가장 중요하고 보편적인 조직 기술 중 하나이다. 동물들은 자신들의 세력권을 지키고 사회적 서열 속에서 자신들의 위치를 확립하는 데 공격성을 사용한다. 그리고 한 집단의 구성원들은 종종 경쟁 집단에 대한 직접적인 공격을 목적으로 협동하기 때문에 이타주의와 적개

심은 동전의 양면과도 같다.

콘라트 로렌츠(Konrad Lorenz)는 1966년에 발표한 유명한 저서 『공격성에 대하여』에서 인간은 공격 행동을 유발하는 보편적인 본능을 동물과 공유하고 있으며, 이러한 본능은 오직 경쟁적인 스포츠를 통해서만 해소되어야 한다고 주장했다. 에리히 프롬(Erich Fromm)은 『인간 폭력성의 해부(1973년)』에서 인간의 행동은 독특한 죽음의 본능에 종속되어 있으며 이러한 본능은 종종 동물들에게서 발견되는 공격성 이상의 병적인 성향으로 이어지는 경우가 있다는 한층 더 어두운 견해를 표명했다. 이 두 가지 해석은 모두 본질적으로 잘못된 것이다. 로렌츠 이후, 많은 연구를 통해 다양한 동물 사회에 존재하는 공격적 행동에 대해 자세히 들여다본 결과, 공격성은 다양한 형태로 표현되며 빠른 진화를 겪는다는 사실이 밝혀졌다.

몇몇 새들과 포유동물들은 세력권에 집착하는 습성이 강하고 매우 정교한 공격적인 과시 행동이나 공격 행동들을 가지고 있는 반면, 이와 비슷한 다른 종들은 세력권을 방어하는 행동을 거의 보이지 않는다. 요컨대 보편적인 공격성 본능을 증명하는 사례는 존재하지 않는다.

보편적인 공격성이 없는 이유는 명확해 보인다. 생물학자들은 대부분의 공격적 행동을 환경 속에서 발생하는 과밀화 현상에 대한 특별한 반응으로 간주한다. 동물들은 생활 주기 동안 특정한 시기에 공급이 떨어지거나 그렇게 되기 쉬운 필수품들(보통 먹이나 보금자리)에 대한 지배권을 획득하기위해 공격성을 사용한다. 기본적인 필수품들이 좀처럼 떨어지지 않는 종들도 많다. 이들의 개체수는 천적, 기생 동물, 이주 과정을 통해 조절된다. 이 동물들은 다른 개체들에게 온순하게 대하는 특징을 보인다.

인류는 공격적인 종들 중 하나다. 그러나 가장 공격적인 종과는 거리가 멀다. 하이에나, 사자, 랑구르원숭이에 대한 최근 연구들은 이 동물들이 자연 상태에서 인간보다 훨씬 높은 빈도로 싸움을 벌이고 어린 개체들을 죽이며 심지어 동족을 잡아먹기도 한다는 사실을 보여 준다. 일년 동안 일어나는 살해 사건을 1000개체를 기준으로 계산해 봤을 때 인간은 공격적인 동물들의 목록에서 한참 아랫자리를 차지할 것이다. 심지어 일시적인 전쟁 기간을 포함시키더라도 동일한 결과를 얻을 것이라고 확신한다. 하이에나 무리들은 인류가 벌였던 원시적인 전투들과 거의 구별하기 힘든 치명적인 싸움을 하기도 한다. 옥스퍼드 대학교의 한스 크룩(Hans Kruuk)은 응고롱고로 분화구 지역에 사는 두 무리의 하이에나 집단의 행동에 대해 다음과 같이 묘사했다.

두 무리가 울부짖으면서 뒤엉켜 싸우다가 몇 초도 안 되어 다시 양쪽으로 갈라졌고, 결국 뭉기 하이에나들이 도망쳤다. 스크래칭락 하이에나들은 짧게 추격하다가 다시 시체가 있는 곳으로 돌아왔다. 열두 마리 정도의 스크래칭 락 하이에나들이 뭉기 하이에나 수컷 한 마리를 붙잡고 닥치는 대로 물어뜯었다. 특히 배, 발, 귀를 집중적으로 물었다. 다른 동료들이 누를 먹어 치우는 10여 분 동안 공격자들은 희생양이 된 뭉기 하이에나를 완전히 둘러싼 채 계속해서 물어뜯었다. 뭉기 하이에나는 말 그대로 갈기갈기 찢어졌다. 나중에 내가 상처들을 좀 더 자세히 관찰하기 위해 다가갔을 때 녀석의 귀는 잘려 나간 듯 보였고 발과 고환도 마찬가지였다. 척추에 손상을 입어 몸은 마비되었고 뒷다리와 복부에는 넓고 깊은 상처들이 났으며 온몸에 내출혈이 있었다. 다음 날 아침 나는 하이에나 한 마리가 그 시체를 먹고 있는 것을 보았고, 더 많은 하이에나들이 그곳에 다녀갔음을 남아 있는 흔적들을 통해 알 수 있었다. 내장과 근육 3분의 1가량이 먹힌 상태였다. 동족 살육!

암살, 사소한 시비, 치열한 전투 등이 일상사인 개미들에 비하면 인간은 정말 조용하고 평화로운 존재다. 개미들 간의 전쟁은 봄과 여름에 미국 동부 지역 도시와 마을 대부분에서 쉽게 관찰할 수 있다. 길가나 들판에서 서로 물고 뒹구는 짙은 갈색을 띤 개미 무리들을 찾아보라. 그 전투원들은 주름개미(*Tetramorium caespitum*)들로서 일반 도로의 지배권을 두고 다투는 라이벌 집단 구성원이다. 수천 마리의 개체들이 싸움을 벌이기라도 하면 몇 제곱미터 넓이의 풀숲이 전쟁터로 변한다.

이러저러한 형태의 공격 행동이 거의 모든 인간 사회에서 보편적으로 나타나는 특징이기는 하지만 (심지어 온순한 쿵 부시맨들조차 최근까지 디트로이트와 휴스턴에 견줄 만한 살인 사건 발생률을 지니고 있다.)

　　　　　　　　　　　　　이타주의와 공격성

이러한 행동이 타고난 충동을 배출하는 수단이라는 증거는 어디에도 없다. 확실한 것은 그러한 충동이 광범위하게 존재한다는 증거로 동물들의 공격 행동을 사용할 수는 없다는 것이다.

일반적으로 동물들은 아무런 반응이 없는 단계에서 위협과 견제, 실제로 공격 행동을 하는 단계에 이르기까지 다양한 행동 스펙트럼을 보인다. 그들은 위협이 주어지는 각각의 상황에 따라 가장 적절한 행동을 선택한다. 예를 들어 벵갈원숭이는 다른 무리의 구성원들이 던지는 시선을 피하거나 화해하자고 입을 쩝쩝거리며 그들에게 접근함으로써 자신의 평화적인 의사를 전달한다. 낮은 단계의 적대감은 조용하면서도 긴장을 늦추지 않는 응시로서 표현한다. 실험실이나 동물원 영장류관에 들어섰을 때 벵갈원숭이가 던지는 엄격한 눈빛은 단순한 호기심의 표현이 아니다. 그것은 위협이다. 그 순간부터 원숭이는 새로운 행동들을 하나씩 더하거나 다른 행동들과 결합시킴으로써 자신이 대담하며 싸울 준비가 되어 있다는 사실을 전달한다. 그는 놀라움을 분명히 표현하기 위해 입을 벌리기도 하고, '호' 하고 소리를 지르기도 하고, 손으로 땅바닥을 철썩 치기도 한다. 이런 모든 행동을 보이면서 앞으로 조금씩 뛰어나올 즈음에는 싸움을 시작할 준비가 된 것이다. 원숭이들은 이 시점까지 이런 의례적인 행동을 통해 자신의 기분을 정확하게 표현한다. 이제 이것은 날카로운 비명을 지르면서 손과 발과 이빨을 무기로 사용하는 저돌적인 공격으로 이어질 것이다.

우리는 지금도 야생을 산다

높은 단계의 공격성이 단지 다른 원숭이들만을 대상으로 나타나는 것은 아니다. 한 번은 커다란 수컷 원숭이가 내 앞쪽으로 세 걸음 정도 거리에서 손바닥으로 땅을 내리치는 것을 목격했다. 내가 실수로 어린 원숭이 ― 그 원숭이의 가족인지 아닌지는 모르겠지만 ― 를 놀라게 한 것이 화근이었다. 그 거리에서 볼 때 수컷 원숭이는 소형 고릴라처럼 보였다. 안내자였던 시카고 대학교의 스튜어트 알트만(Stuart Altmann)은 현명하게도, 시선을 돌리고 가능한 한 서열이 낮은 원숭이처럼 행동하라고 조언했다.

많은 종류의 동물들이 다양하고 단계적인 공격 행동을 구사할 수 있고, 공격성이 그들 사회를 구성하는 데 중요한 역할을 함에도 불구하고 각 개체들은 이따금씩 장난 삼아 한바탕 싸움을 하거나 사소한 적대감 정도만을 드러내면서 자손을 낳아 기르며 사는 평범한 삶을 살아갈 수 있다. 중요한 것은 환경이다. 잦은 감정 표현이나 격앙된 싸움은 사회적 스트레스에 대한 적응적 반응이다. 특정한 동물은 살아가는 동안 그것을 피할 수 있을 만큼 운이 좋을 수도 있고 그렇지 않을 수도 있다. 호피족 사회나 현대 오스트레일리아 원주민 사회 같은 몇몇 인간 문명에서 공격적인 상호 작용이 매우 적게 나타나는 것은 놀랄 일이 아니다. 요컨대 동물 행동의 비교 연구를 통해 얻은 증거들이 인류가 보여 주는 극단적인 형태의 공격성, 비린내 나는 사건, 폭력적인 스포츠를 정당화하는 데 사용될 수는 없다.

행동의 특성을 형성하는 데 유전적 요인이 환경적 요인보다

이타주의와 공격성

더 중요한 영향을 미치는가의 문제는 인간 사회 생물학을 논의하는 데 있어서 가장 어려운 부분이다. 어떤 학자들은 유전자가 인간의 행동을 통제한다는 사실 자체를 아주 기분 나쁘게 생각한다. 그들은 곧바로 유전자 결정론이 지금 벌어지고 있고 앞으로도 지속될 수 있는 사회적 불평등을 강화한다는 역할을 한다는 정치적 시나리오를 만들어 낸다. 똑같이 그럴듯한 각본인 문화 결정론이 독재주의적 마인드 컨트롤을 지지하고 보다 최악의 불평등을 가져올 수도 있다는 시나리오를 그들은 달가워하지 않는다. 그러나 정치인이나 이념적으로 편향된 과학자들이 과학을 멋대로 이용하는 것이 아니라면 이 두 가지 시나리오는 거의 일어날 가능성이 없다. 만일 멋대로 이용할 수 있다면 무슨 일이든 벌어지겠지만.

사회 생물학이 시사하는 바를 넘어선 우려는 대개 유전의 본질에 대한 오해에서 비롯된다. 단도직입적으로 말하면, "유전자가 명령하는 것은 특정 행동이 아니라 어떤 행동으로 발전될 수 있는 가능성이며, 더 나아간다면 다양하게 주어진 환경 속에서 특정 행동이 발달하는 성향이다." 하나의 범주에 속해 있는 인지 가능한 모든 반응을 열거할 수 있다고 가정해 보자. 모든 공격 반응을 나열할 수 있다고 가정하고, 편의상 그것들에 알파벳을 붙이면 A부터 W까지 정확히 23가지 반응이 있다고 하자. 인간은 그 모든 종류의 반응을 나타내지 않으며 나타낼 수도 없다. 전 세계 모든 다양한 사회들을 조사해 보면, A에서 P까지는 나올 수도 있을 것이다.

우리는 지금도 야생을 산다

그러나 이 행동들이 모든 사회에서 똑같은 유연성을 가지고 발달하는 것은 아니다. A에서 G까지는 인간 발달의 대부분의 과정에서 강하게 발현되는 경향이 있고, H에서 P까지는 매우 드물게 몇몇 문화에서만 관찰된다. 유전되는 것은 바로 그 가능성과 확률의 패턴이다.

이 진술이 의미를 가지기 위해서는 인간과 다른 동물들을 비교해 보아야 한다. 망토비비(hamadryas baboon)는 F와 G에 대한 강한 편향성을 보이면서 F에서 J 행동까지 발달시킬 수 있는 반면에 흰개미의 어떤 종은 A를, 다른 종의 흰개미는 B라는 행동 형질을 나타낼 수 있다. 한 사람이 어떤 행동을 보이느냐는 그 또는 그녀가 자신의 문화 안에서 흡수한 경험에 따라서 다르겠지만, 비비나 흰개미와 비교되는 인간이 가진 가능성의 전체 배열은 유전된 산물이다. 사회 생물학이 분석하고자 하는 것은 바로 이런 패턴의 진화이다.

인간 패턴에 대해 더 깊이 다룰 수도 있다. 다음의 두 가지 과정을 조합함으로써 가장 원초적이며 동시에 보편적인 인간의 사회적 특성을 합리적으로 추론해 볼 수 있다. 첫 번째는 수렵 채집 사회에 널리 퍼져 있던 특성들을 알아내는 것이다. 비록 인간의 행동이 복잡하고 지능적이기는 하지만 그들의 문화를 적응시켜 온 생활 방식은 원시적이다. 인류는 수십만 년 동안 이런 초보적인 질서에 따라 진화해 왔다. 따라서 이런 생활 방식이 사회적 반응의 본질적 패턴을 형성해 왔다고 생각할 수 있다. 두 번째 과정

이타주의와 공격성

은 수렵 채집 문화에서 관찰되는 인간의 행동 특성을 인간과 가장 가까운 친척 관계에 있는 랑구르, 콜로부스, 마카크, 비비, 침팬지, 긴팔원숭이, 그 밖에 다른 구대륙원숭이들과 유인원들이 보이는 이와 유사한 행동들과 비교하는 것이다.

수렵 채집 사회의 인간 혹은 거의 모든 영장류에게서 동일하게 나타나는 특성들의 유형을 살펴보면 우리는 그러한 특성들이 상대적으로 거의 진화되지 않았다는 결론에 도달하게 된다. 수렵 채집인들이 그런 행동 패턴을 지녔다는 것은 인류의 직계 조상 역시 그런 특성을 지니고 있었으며, 그러한 패턴은 경제적으로 훨씬 진보한 사회에서도 쉽게 변하지 않는 행동 범주에 속한다는 것을 시사한다. (사실로 증명되지는 않았지만) 한편 하나의 행동이 서로 다른 영장류 사회에서 많은 변이를 보인다면 우리는 그것이 변화에 덜 저항적이라고 추측할 수 있다.

이러한 선별 기법을 통해 작성된 기본적인 인간 패턴의 목록은 흥미롭다. 그 목록은 다음과 같다. (1) 친밀한 집단의 구성원 수는 다양하기는 하지만 보통 100명 이하다. (2) 어느 정도의 공격 행동과 세력권 방어 행동은 기본적인 요소이지만 그 강도는 단계마다 다르며 그 양상도 문화마다 달라서 정확하게 예측할 수 없다. (3) 성인 남자는 더 공격적인 성향을 지니며 성인 여자보다 우세하다. (4) 엄마의 오랜 자식 돌보기와 장기간에 걸친 부모 자식 간의 관계에 의해서 사회 조직이 더 확대된다. (5) 구성원들은 느슨한 형태의 경쟁과 의사(擬似) 공격을 포함한 놀이에 열중하며, 그것은 정상적인 발달을 위해 필수적인 요소이다.

우리는 여기에 유전적 기초를 가지는 특별하고 분명한 몇 가지 인간적인 특질들을 덧붙여야 한다. 어떤 형태로든 진정한 의미 언어(semantic language)를 발달시키려고 하는 참을 수 없는 충동, 금기에 의한 철저한 근친상간의 기피, 과거보다는 약해졌지만 여전히 강하게 남아 있는 성적으로 결합한 여성과 남성 사이의 노동 역할 분담.

수렵 채집 사회에서 남성들은 사냥을 하고 여성들은 집에 머문다. 이러한 경향은 대부분의 농경 사회와 산업 사회에서도 두드러지게 나타났으며, 그러한 관점에서 이러한 경향은 유전적 기원을 갖는 것처럼 보인다. 이러한 노동 분담이 인간의 조상들에게서 언제 나타났는지, 혹은 여성의 권리를 향한 지속적인 혁명이 일어나는 동안에 그것이 얼마나 강한 저항을 나타냈는지를 입증하는 확실한 증거는 존재하지 않는다. 내가 추측하기에 이러한 유전적 편향은 가장 자유롭고 평등할 것 같은 미래 사회에서조차 상당한 수준의 노동 분담을 불러올 만큼 강력한 듯하다.

평균적으로 남자아이들이 여자아이들에 비해 수학을 더 잘하는 반면에 언어 능력은 떨어지고, 역할 놀이가 처음 시작되는 두 살부터 성년기까지 좀 더 공격적인 성향을 보인다는 것을 입증하는 많은 증거들이 있다. 똑같은 교육 기회와 직업 접근 기회가 주어짐에도 불구하고, 남성들이 정치, 사업, 과학 분야에서 여성보다 더 많은 역할을 계속하게 될 것 같은 이유가 여기 있다. 그러

이타주의와 공격성

나 이러한 결론은 단지 추측일 뿐이며, 이것이 옳다고 해도 성차별 없는 고용과 개인의 자유로운 선택을 가로막는 논쟁에 이용되어서는 안 된다.

육식 동물의 수컷들이 반드시 전문화된 사냥 계급을 형성한다고 미리 결론 내릴 만한 근거들은 전혀 없다. 침팬지들 사이에서는 수컷이 사냥을 담당한다. 이 유인원이 현존하는 동물들 중에서 우리와 가장 가까운 친척이라는 점을 고려하면 이러한 사실은 시사하는 바가 크다. 그러나 사자의 경우에는 보통 암컷들이 새끼들을 감독하면서 무리 지어 일하여 가족을 먹여 살린다. 힘이 더 세지만 대개 무리에 기생하는 수컷들은 먹이 사냥에서는 물러나 있다가 사냥감이 숨을 거둔 뒤에야 고기를 제일 먼저 물어뜯기 위해 달려든다. 늑대나 아프리카들개는 또 다른 행동 패턴을 보여 준다. 지독히 공격적인 이들 종의 암컷과 수컷 들은 사냥을 위해 서로 협동한다.

사회 생물학에는 위험한 함정이 존재하는데, 그것은 비판 없이 존재의 당위성을 규정하는 윤리학의 자연주의적 오류다. 그것은 지속적인 경계를 통해서만 피할 수 있다. 인간 본성의 대부분은 구석기 수렵 채집인의 유산이다. 그러나 어떤 유전적 편향의 증거도 오늘날 우리 사회에 존재하며 미래 사회에도 지속될 관습을 정당화하는 수단이 될 수는 없다. 우리 대부분이 우리 스스로 만들어 낸 전혀 새로운 환경에서 살아가고 있는 이상, 그러한 관습을 따르는 것은 생물학을 잘못 이해하는 것이다. 그리고 모든

우리는 지금도 야생을 산다

잘못된 생물학이 그랬던 것처럼 그것은 재앙을 불러올 것이다. 그것은 신석기 시대 조상들에게 이익을 가져다주었다. 그러나 오늘날 그것은 전 지구적인 자멸로 이어질 수 있다. 또한 건강한 자손을 많이 낳아 기르는 것이 오랫동안 안정을 추구하는 방법으로 자리매김해 왔다. 그러나 세계 인구가 넘쳐나는 오늘날 그러한 전략은 환경적인 재앙으로 이어질 수 있다.

오랫동안 우리 안에 존재해 온 원시적인 유전자들은 미래에 훨씬 더 많은 문화적 변화를 일으킬 것이다. 아직은 모를 일이지만 우리는 인간 본성이 좀 더 이타주의와 사회 정의를 많이 포함하는 방향으로 적응해 갈 수 있다고 믿는다. 유전적 편향은 사라질 수도 있고, 갈망도 다른 방향으로 돌려질 수 있으며, 윤리는 새롭게 만들어질 수 있다. 그리고 사회 계약을 만드는 인간의 천재성은 더 건강하고 자유로운 사회를 성취하기 위해 계속 사용될 수 있다. 그러나 인간 정신이 무한정 융통성을 보이는 것은 아니다. 인간 사회 생물학은 계속 탐구될 것이고, 이를 통해 얻은 지식은 정신의 진화사를 추적하는 가장 훌륭한 도구로 자리매김할 것이다. 우리의 가장 깊숙한 곳에 있어 현재로서는 이해하기 어려운 감정들이 앞으로의 험난한 여정을 이끌어 갈 최고의 안내자인 이상, 우리는 결코 역사를 무시해서는 안 된다.

이타주의와 공격성

멀리서 바라본 인간

_____

인간의 모든 문제는
우리가 어떤 존재인지를 알지 못하는 데서,
그리고 어떤 존재이기를 원하는지
서로 동의하지 못하는 데에서 기인한다.

베르코르(장 브뢸레르)
『인수(人獸)재판』

다음은 국제 흰개미 대학의 한 저명한 학장이 졸업식에서 연설한 내용이다.

모두가 동의하는 한 가지는 3조 년에 걸친 진화의 정점에 서 있다는 것입니다. 우리는 모든 생명체들 중 유일하게 높은 지적 능력을 가지고 있고, 상징적인 언어를 사용하며, 수백 세대를 거치며 진화한 다양한 문화를 소유하고 있습니다. 우리는 역사를 인식하고 개인적인 죽음의 의미를 충분히 자각하고 있습니다. 오늘날 우리는 유전자의 지배에서 충분히 벗어났고, 대부분의 사회 조직이 문화에 대체로 또는 전적으로 기초를 두고 있습니다. 우리 대학은 학문의 커다란 세 분야인 자연 과학, 사회 과학, 흰개미학의 지식을 널리 전하고 있습니다.

우리 조상님들의 군체 무게가 10킬로그램이 넘은 이래로 제3기(중생대 백악기 이후, 신생대 제4기 이전—옮긴이) 후반기 동안 우리는 빠르게 진화하여 커다란 두뇌를 가지게 되었고, 페로몬 문자 쓰는 법을 배운 이래로 흰개미학은 윤리 철학을 새롭게 했습니다. 오늘날 우리는 도덕적 의무를 정확하게 표현할 수 있게 되었고, 이러한 의무는 우리 모두가 자각하고 있는 보편적인 것이며, 이것이야말로 흰개미성의 본질입니다. 예를 들면 어둠에 대한 애착, 포자를 키워 내는 부패 유기물을 가진 흙의 내면에 대한 깊은 애정, 군락 간에 전쟁과 교역이 한창일 때에도 흔들리지 않고 유지되는 집단생활, 생리적 계급 제도의 신성함, 일개미들의 개별적 생식에 대한 죄악성, 생식 능력을 가진 형제자매들에 대한 깊은 사랑과 짝짓기가 이루어진 순간부터 그 사랑이 증오로 바뀌는 미스터리, 개인의 권리를 내세우는 죄악을 거부하는 것, 페로몬 음악에 담긴 무한한 미적 쾌락, 허물을 벗은 후 동료의 항문으로부터 배설물을 받아먹는 미

우리는 지금도 야생을 산다

적 쾌락, 살육제의 기쁨과 병들고 부상당했을 때 다른 동료들에게 스스로 몸을 내어 주며 소멸되는 기쁨(다른 동료들을 먹는 것보다 먹히는 것이 훨씬 축복입니다.), 그 밖에도 우리에게는 많은 것이 있습니다.

흰개미학을 연구하는 과학자들, 특히 동물 행동학자들과 사회 생물학자들은 우리의 사회 조직이 우리가 가진 유전자로부터 형성되었고, 윤리적 계율은 흰개미 진화의 독자성을 반영하는 것이라고 주장합니다. 그들은 우리의 윤리학이 흰개미의 뇌 구조와 우리 종의 진화사 속에서 파악되어야 한다고 단언합니다. 사회화는 유전적으로 경로가 정해져 있고 일정한 형태로 나타나며, 반드시 일어나는 과정이라고 말합니다. 그리고 그들의 주장은 큰 학술 논쟁을 일으켜 왔습니다. 흰개미의 본성이 물고기나 비비의 연구를 통해 더 잘 이해될 수 있다고 믿기를 거부하는 많은 사회 과학과 흰개미성을 연구하는 학자들은 철학적 이원론의 해자(성을 방위하기 위해 성 주위에 둘러 판 연못—옮긴이) 뒤로 물러서고, 자연주의적 오류를 정식으로 반박하기 위해 총안 무늬의 성벽을 쌓아 왔습니다. 그들은 정신이 유물론적 생물학 연구로 밝힐 수 있는 범위 밖에 있다고 간주합니다. 몇몇 학자들은 조건을 조절하면 흰개미와 문화와 윤리를 어떤 방향으로든 원하는 대로 바꿀 수 있다는 극단적인 관점을 취하기도 합니다. 그러나 생물학자들은 흰개미들의 행동이 인간의 행동에 비교될 만큼 바꾸기 힘들다고 말합니다. 생물학에 기반을 둔 흰개미성이 존재한다는 것인데……

사회적 그리고 도덕적 현상의 아주 적은 부분에만 인간의 종 특이적 본능과 도덕성이 관여한다고 말하는 전통적인 관념으로 는 설명하기 힘든 하나의 개념을 설명해 보기 위해서 나는 이런 흰 개미 세계를 상상해 보았다. 만약 지능적인 생명체가 다른 행성에 존재한다면 (천문학자들과 생화학자들은 이런 생명체가 아주 풍부하게 존재한다는 데 합의를 보았다.) 우리는 그것이 인류와 비슷한 생명체나 포유동물 또는 진핵생물일 것이라고 기대할 수 없고, 심지어 유전자에 기초한 생명체라고 예상할 수도 없다. 우리는 공상 과학에서 만들어 낸 다른 문명을 바라보는 시각에서 벗어나야 한다. 참된 과학은 실제 세계뿐만 아니라 존재할 수 있는 모든 세계의 성격을 설명하려고 노력하고, 철학자와 수학자들에 의해 연구된 상상할 수 있는 모든 세계의 훨씬 광범위한 영역 안에 존재하는 것들을 식별한다.

그동안 사회 과학과 인문학은 무차원적이고 비이론적인 견해를 가지고 있었다. 그들은 온갖 생물종들의 본성이 존재하는 영역에 대한 고려 없이 오로지 인간종 하나에만 초점을 맞춰 왔다. 인간종 역시 거기에 속한 일부인데도 말이다. 인간 중심적이 된다는 것은 인간 행동의 한계, 인간 행동의 바탕이 되는 생물학적 과정의 의미, 장기간에 걸친 유전적 진화의 보다 깊은 의미를 모두 무시하는 것이다. 인간종에서 한걸음 뒤로 물러나 의식적으로 거리를 유지하고 바라볼 때에야 비로소 좀 더 포괄적인 시야를 확보할 수 있을 것이다.

우리는 지금도 야생을 산다

다차원적인 접근의 의미를 이해하기 위해 인간의 사회적 행동들을 도수 분포 함수라고 가정해 보자. 이 함수를 통해 나타난 배열에 가장 가까이 접근해 있는 사람은 아마도 사회학자일 것이다. 전형적인 사회학자는 지역 문화의 아주 상세한 부분까지 깊이 있게 다루며 사회 과학자들 사이에서 지역 박물학자의 역할을 한다. 하지만 그는 인간 행동의 궁극적 의미나 한계에 대해서는 그다지 관심이 없다. 사실 그는 이처럼 멀리 있는 문제들에 대해서는 안중에도 없는 것 같다. 지식을 축적하는 문화에서 나타나는 상세한 부분들의 얽힘이 그것들 이상으로 충분히 중요하며, 일류 학자들의 주의를 끌 만큼 흥미진진하기 때문이다.

　　이에 비해 인류학자나 영장류학자들은 생물지리학자와 마찬가지로 멀리서 보는 비교적 객관적인 관점을 취한다. 그들은 사회적 특성들을 설명하기 위해 규칙이나 법칙을 탐구한다. 동물학자들은 더욱 멀리서 바라보는 포괄적인 관점을 취한다. 동물학자들의 관심은 군체성 무척추동물이나 사회성 곤충, 인간을 제외한 척추동물 가운데 포함된 수만 종의 사회성 동물에 집중된다. 동물학자들이 관찰하는 다양성은 엄청나지만, 전혀 다른 분류 집단 사이에도 특정한 행동 범주에 충분한 수렴 현상이 있음을 본다. 이 때문에 그들은 쥐나 과실파리, 결장균의 연구에서처럼 유전적 진화를 지배하는 일반적인 법칙이 예증될 수 있고, 이렇게 형성된 유전학과 생리학의 원칙들이 인류에게까지 확대 해석될 수 있다는 희망을 가지고 있다.

물론 인간의 사회적 행동은 동물에 근거를 두고 있는 사회 생물학으로부터 예측할 수 없는 독자성을 지니고 있다. 그것은 쥐나 곤충들의 기관과 거의 같은 기능을 하는 인간의 염색체나 신경막의 작동에서 비롯된 순전히 기계적인 행동과는 비교할 수 없다. 인간의 사회 행동 레퍼토리는 두 갈래의 유전에 의해 진화한다. 하나는 전통적인 다윈의 자연 선택에 따라 변하는 전형적인 유전적 전달이고, 다른 하나는 그보나 훨씬 빠른 속도를 가진 라마르크식 유전(개체의 적응에 의해 획득된 형질이 자손에게 유전된다.)인 문화적 전달이다. 게다가 조직의 특성들도 있다. 완전한 상징성과 끝없는 생산력을 지닌 언어, 오랫동안 전해진 관습에 기반을 둔 계약, 복잡한 물질 문명과 종교 등이 그것이다.

그러나 인류가 새로운 진화의 영역으로 들어선다는 것이 인간종이 유전적 강제에서 벗어나게 된다는 것을 의미하지는 않는다. 그리고 고상함이 반드시 하나의 종을 생물학의 영역 위로 끌어올리는 것도 아니다. 지적인 존재들의 탁월한 형질이 유전 프로그램에 순종하면서도 생물학적 적응을 일으킬 수 있을 것이다. 유콘 강에서 파타고니아 고원에 이르는 황금물떼새들의 이주비행과 회귀는 경이로운 현상이다. 그러나 그들의 두뇌와 날개는 유전적 중합체로부터 만들어지고, 1만 6000킬로미터에 달하는 여행은 해안가에서 물벼룩이나 곤충들을 잡아먹는 매일의 식사만큼이나 그들의 생활사를 완성하는 데 필요한 일이다. 엄청난 문화적 변이에서 비롯된 매우 복합적인 형태의 행동까지 포함하

우리는 지금도 야생을 산다

여, 인간의 행동이 유전적으로 강제된 것이며, 엄격한 다윈주의의 관점에서 볼 때, 그것이 궁극적으로 적응 행동임을 뒷받침하는 상당한 증거들이 존재한다. 따라서 사회 이론은 진화 생물학의 연장선 위에 놓여 있다고 생각할 수 있다.

사회 과학과 인문학의 관점은 공간적으로 무차원적인 인식에 갇혀 있었던 것처럼 시간적으로도 그러한 제한에 묶여 있었다. 이런 말이 좀 이상하게 들릴지 모르지만, 역사적인 변화에 대한 연구가 바로 그 학문들 각각의 중심에 위치한다는 것은 부정할 수 없는 일이다. 그러나 그러한 연구는 모두 하나의 종에 대한 것이고, 더 나아가 (인류의 심리적 통일의 원리인) 단일한 유전형에 기초한 것이다. 인간 사회성에 대한 이런 개념은 고무적이기는 하지만 사회 이론의 요구에 부응하지 못한다.

인간 개체군은 동물 개체군이 전형적으로 보여 주는 행동 형질들에서 변이를 나타낸다. 특히 수리력, 풍부한 어휘력, 기억력, 지각 능력, 외향성-내향성, 동성애 경향, 알코올 중독 경향, 신경증, 특정 정신이상에 대한 감수성, 언어 습득 시기와 인지 발달의 주요 단계들, 처음 성적 행동을 하는 나이, 그리고 사회 조직에 영향을 미치는 다른 개별적인 표현형 등을 일으키는 유전적 요소가 그것을 보여 준다. 인간 개체군들 사이에도 지리적 변이, 바꿔 말해 종족 차이가 있다. 신생아의 발달 특성과 초기 운동 능력이 그것을 입증한다.

유전적 진화가 비록 느리기는 하지만 문화적 진화와 한 두 단계밖에 차이가 안 날 정도로 빠르게 일어날 수도 있다. 안정적인 선택압 하에서는 불과 10세대만 거치면 하나의 유전자가 다른 유전자로 대체된다. 이것은 인간의 경우 그저 200~300년이 걸리는 일이다. 하나의 유전자가 행동을 완전히 바꿀 수도 있는데, 감수성의 역치 수준에 영향을 미칠 때는 특히 그렇다. 그러나 새롭고 복합적인 행동 유형에는 여러 유전자가 관련되어 훨씬 오랜 시간을 두고 연합한다. 아마도 100세대 또는 1000세대까지 걸릴 수도 있다. 역사적인 시간 속에서 인간 본성이 엄청나게 변해 왔을 것이라고 추측할 수 없는 이유가 여기에 있다. 산업 사회의 사람들이 선사 시대 사람들이나 수렵 채집 사회의 사람들과 근본적으로 다르다고 말할 수 없는 것도 마찬가지 이유 때문이다. 그렇다고 유전적 변화들이 발생했을 가능성이 배제되어 온 것은 아니며, 인간 개인의 일생을 통해 일어나는 사회화의 효과로 인해 미미하게나마 일어났던 유전적 변화들이 쉽게 휩쓸려갔을 것이라고 추측할 수도 없다.

이러한 기본적인 추정들이 옳다면 인간 행동을 형성하는 의미 있는 요소들은 과거 10만 년 동안 생겨난 것일 수 있다. 실제로 지금의 인간 본성이 200만~400만 년 전에 존재했던 오스트랄로피테쿠스 아파렌시스로부터 호모 하빌리스에 이르는 역사의 산물일 필요는 없다. 오히려 그것은 역사 시대를 포함한 호모의 시대를 거쳐 점진적으로 형성된 하나의 바이오그램(biogram)에 더 가깝다. 그러므로 사회 이론은 문화가 지배한 역사 시대 이전으로 거슬러 올라가 유전적 변화와 문화적 변화가 조화를 이루며 발생했던 선사 시대까지 시야를 확장할 때 비로소 의미 있는 수확을 거둘 수 있을 것이다.

멀리서 바라본 인간

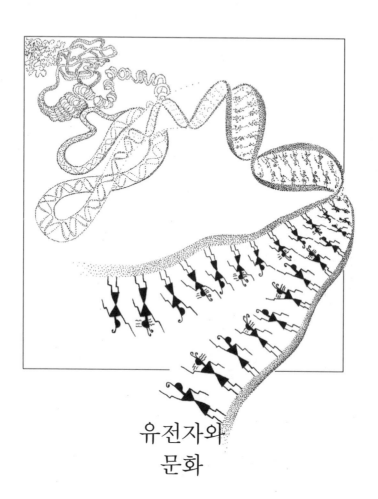

유전자와
문화

문화는 궁극적으로 생물학적 산물이다. 나는 이 말을 문제의 핵심으로 이해하고 있다. 생물학이 하나의 과학으로서 발전을 거듭하는 한 사회적 행동과 제도에 대한 우리의 생각은 분명 바뀔 것이다. 개성과 인지 변이의 대부분이 유전된 것이며, 유전과 환경 모두에 기인하는 변화조차 양적인 면에서 볼 때 생각할 수 있는 모든 변화들의 아주 작은 부분에 불과하다. 왜냐하면 인지 발달 자체가 모든 인간에게 공통적으로 적용되는 유전적으로 정해진 규칙들에 의해 엄격히 제한되기 때문이다. 비행기를 만드는 유전자는 없다는 말이 있는데, 물론 그 말은 사실이다. 그러나 사람들은 전쟁, 종족의 융화, 교역 같은 인간의 기본적인 행위를 수행하기 위해 비행기를 만든다. 이러한 행위들은 명백히 자신들의

유전자와 문화

생물학적 전통을 따르는 것이다. 문화는 진화 생물학의 중요한 원리를 따른다. 대부분의 변화는 생물을 안정된 상태로 유지하기 위해 발생한다.

지금까지 연구된 바에 따르면 모든 생물의 유전적 진화를 일으키는 가장 중요한 추진력은 자연 선택이다. 이것은 같은 개체군에 속한 다양한 유전형들이 다음 세대에 차별적으로 기여하는 것을 말한다. 흔히 이를 돌연변이압(mutation pressure)이나 정향 진화(定向進化, 수직 진화라고도 한다.), 그 밖에 다른 추진력들과 구분하기 위해 다윈주의라고 부른다. 분자 구조 수준에서 일어나는 진화는 유전적 부동(浮動), 다시 말해 단백질 안에서 아미노산 치환에 영향을 미치는 대립 유전자들의 무작위적인 치환에서 비롯되는 듯하다. 그러나 해부학적, 생리학적 특성들과 행동 면에서 보이는 주요한 특성들은 궁극적으로 자연 선택에 기인한다.

다음 세대에 대한 차별적 기여는 장수와 다산이라는 두 가지 유리한 조건의 상호 작용을 확보하는 것에 의해 가능해진다. 우선 개체들은 가능한 한 빠른 속도로 번식하는 전략을 통해 자신들의 유전자를 다음 세대에 더 많이 전할 수 있다. 물론 여기에는 적어도 몇몇 자손들은 성체가 될 때까지 살아남을 것이라는 기대가 수반된다. 이것이 'r생식 전략'이다. 한편 질적으로 우수한 소수의 자손만을 낳아 정성스럽게 기르는 전략을 통해 똑같은 성과를 거둘 수도 있다. 이 전략이 성공하기 위해서는 자손들 중 대부분 또는 모두가 좋은 조건 속에서 성체로 길러져야 한다. 이것이

우리는 지금도 야생을 산다

'K생식 전략'이다. 두 전략 중 어떤 것이 최선인가는 환경에 달려 있다. 자원을 예측할 수 없고 장소나 시기에 따라 멸종의 위기가 상존하는 환경이라면 r전략이 최선이다. 자원이 의존할 만하고 안정적이어서 서식처를 유지하는 것이 중요하다면 K전략이 성공할 가능성이 높다. 생물학자들은 흔히 종과 유전적 계통을 그들이 진화해 온 환경과 그들의 생식 전략을 관련지어 설명하는 r-K 연속선상에 놓고 고려한다. 조건이 변화하면서 한 전략에서 다른 전략으로 프로그램이 바뀌는 유전형을 가질 수도 있다. 인간은 r-K 연속적 계열에서 K전략의 끝부분에 가까운 작은 부분을 차지하고 있다.

유전자와 문화의 공진화

인간의 진화는 유전적 변화와 문화적 변화가 혼재된 독특한 이중 트랙 시스템이다. 유전적인 변화는 인간 두뇌의 급속한 성장을 가져왔다. 200만 년 전 호모 하빌리스의 시대로부터 초기 호모 사피엔스가 출현하는 50만 년 전에 이르는 기간 동안, 인간의 대뇌피질 체적은 3.2배나 증가했다. 또한 뇌의 언어 영역과 후두(喉頭)에서는 근본적인 구조 변화가 일어났다. 문화적인 변화의 속도는 이보다 훨씬 빠르다. 그러나 문화적인 변화는 뇌와 감각 기관의 특성에 의해 제한되고 일정한 방향으로 유도된다.

인간 사회 생물학 연구가 어려운 주된 원인은 생물학자와 사회학자 간에 존재하는 절차와 언어의 차이에 있지 않다. 진정한 어려움은 생물학적 진화와 문화적 진화의 상호 작용이라는 공통 관심사가 충분히 탐구되지 않은 채로 남아 있다는 사실에 있다. 우리 모두는 인간의 사회적 행동이 학습과 문화를 통해 전수된다는 사실을 알고 있다. 또한 감각, 기억, 의사 결정에 관여하는 인지 과정의 독특한 속성들이 문화에 강한 영향을 미친다는 사실도 알고 있다. 문화는 궁극적으로 개인들의 정신 발달에 의해 결정된다. 그리고 정신적 발달의 속성은 행동들을 특정한 방향으로 몰고 가는 질서인 후성 법칙(epigenetic rules)에 의해 달라질 수 있다. 간단한 예를 들어 보자. 대부분의 동물들과 비교할 때 인간은 냄새와 맛에 비해 시청각에 의존하는 경향이 강하다. 냄새와 맛보다는 시각과 청각을 표현하는 어휘들이 훨씬 많은 것은 이러한 생물학적 속성에 기인하는 바가 크다. 전 세계 언어의 3분의 2에서 4분의 3가량의 단어들이 시각과 청각에 관련된 반면, 맛과 냄새에 관련된 단어들은 10분의 1 정도이거나 그 이하에 불과하다.

유전적 진화는 이렇게 문화적 진화에 영향을 미친다. 거꾸로 문화적 진화는 유전자들(후성 법칙을 결정짓는 유전자들)이 자연 선택을 통해 검증받는 환경을 창조함으로써 생물학적 진화에 연향을 미친다. 유전자와 문화는 사실상 불가분의 관계로 연결되어 있다. 한쪽에서 필연적으로 일어나는 변화들은 다른 쪽에도 변화를 일으키면서 유전자와 문화의 공진화(供進化)를 이끈다. 나는 그 과정이 다음과 같이 일어난다고 생각한다.

» 유전자는 개인의 지적 능력을 만들어 가는 발달 법칙들(후성 법칙들)을 지배한다.

» 정신은 이미 존재하는 문화의 일부를 흡수하며 성장한다.

» 문화는 사회 각 구성원의 결정과 혁신의 총체에 의해 각 세대마다 새롭게 창조된다.

» 어떤 개인들은 당대의 문화 속에서 다른 개인들보다 유리한 생존과 번식의 후성 법칙을 지니고 있다. 이러한 유전적 적응은 직계 자손들을 생산하는 직접 선택 또는 방계 일가까지 포함하는 혈연 선택을 통해 강화된다.

» 좀 더 성공적인 후성 법칙은 그것을 암호화한 유전자들과 함께 집단 전체로 퍼진다. 바꿔 말하면 집단은 후성 법칙과 관련하여 유전적으로 진화한다.

정리하면, 문화는 생물학적 과정을 통해 창조되고 다듬어지는 반면 생물학적 과장은 문화적인 변화에 대한 반응으로서 함께 변화를 일으킨다. 이러한 과정을 파악하는 것은 어려운 일이 아니지만 두 가지 형태의 진화가 발생하는 비율과 그것들이 얼마나 밀접하게 관련되어 있는가에 대해서는 거의 밝혀진 바가 없다.

문화의 단위

사회 과학 이론이 지니는 주요한 어려움은 두 가지이다. 첫째,

문화 연구에는 '자연적인 단위'가 존재하지 않는다는 것이다. 자연적인 단위란 유전자, 세포, 유기체와 같은, 분석 과정에서 치환 작업의 기초가 되는 기본 단위를 말한다. 이러한 자연적인 단위의 부재는 '자연 법칙의 고립'이라는 두 번째 어려움을 초래한다. 그동안 인류학, 사회학, 정치학 등 주요 학문 분야들은 제각기 자신들의 고유한 개념적 기초와 언어를 발전시킬 수밖에 없었다.

문화에 존재하는 자연적인 단위를 발견한다면 사회 과학은 이론적으로 중대한 진보를 경험하게 될 것이다. 그러나 대부분의 학자들은 그러한 단위가 존재하건 그렇지 않건 간에 지금의 방법으로는 그것을 찾을 수 없다고 믿는 듯하다. 그러나 자연적인 단위가 존재하고 그것이 의미 기억(semantic memory)에 근거한다고 믿을 만한 몇 가지 이유가 있다. 의미 기억은 시각을 비롯한 감각 경험의 연쇄 작용을 수반하는 일화 기억(episodic memory)과는 다르게 단어와 상징적인 조작으로 이루어져 있다. 의미 기억은 인상들을 분리된 묶음으로 조직하는 경향이 있다. 실험적 연구들은 의미 기억이 가장 많은 속성들을 공유하는 대상과 추상적인 개념들을 기준으로 묶인다는 사실을 밝혀냈다. '나무', '개', '집' 같은 범주들은 실제 세계에는 존재하지 않지만, 뇌에서 가장 쉽게 처리할 수 있는 비교적 많은 수의 자극을 공유하고 있는 대상들의 집합이다. 아이들은 사물, 또는 사물의 집합을 잘 기억하며 이러한 기억 구성 방식 속으로 쉽게 들어간다. 그들은 동일시되는 어떤 자극들을 개별적인 사물처럼 뚜렷하게 분리된 집합들(예를 들면 '과자'와 '케이크', 또는 '등받이가 있는 의자'와 '등받이가 없는 의자')로 조직한다.

뇌는 이러한 묶음들을 계층적으로 구성하면서 좀 더 넓은 집합으로 만들어 낸다. 이 집합에는 서로 구분되면서도 호환성이 있는 형태들이 포함되어 있다. 이 과정이 끝나면 두뇌의 자극 처리 속도는 한층 빨라진다. 사물과 추상적인 개념들로 나타나는 의미 기억의 단위들은 마디(node)라는 적절한 이름으로 불리며, 기억을 저장했다가 불러내는 것에 대한 확장-활성화 모형들에서 가능한 마디들 간의 연결들과 각 마디들에 대한 설명을 정리해 준다. 적어도 3개의 서로 다른 차원의 마디가 있다. 가장 기본적인 묶음인 개념은 단어 또는 구(예를 들면 '개', '사냥하다')로 기호화된다. 명제는 대상과 관계를 표현하는 구, 절, 문장(예를 들면 '개가 사냥을 하다')으로 기호화된다. 마지막으로 도식은 문장과 텍스트의 좀 더 넓은 단위들(예를 들면 '개가 지닌 사냥 기술')로 기호화된다.

이러한 마디 연결 구조는 원래 심리학자들이 이론적인 표상으로 제시한 것이었는데, 그 조직을 탐구하는 과정에서 주목할 만한 내용들이 더해졌다. 성장기 아이들은 마디 연결 구조를 계속 넓혀 나가며 그 복잡성을 증가시킨다. 이러한 성장의 주요 단계는 대부분 장 피아제가 제시한 인지 발달 단계와 일치한다. 이 단계는 개인적인 성장 과정에서 우연히 발생하는 것이 아니다. 그것은 보편적인 과정으로서 모든 문화에 걸쳐 나타나는 어떤 질서를 보여 준다. 문화를 형성하는 의미론적 구조는 그것이 만들어 내는 최종적인 결과물보다 확고하고 일관성이 있다. 이 사실은 생물학과 문화의 관계에서 중요한 의미를 지닌다.

두뇌는 표준이 될 만한 전형을 만들려는 경향이 있다. 예를 들면 이상적인 붉은색을 만들어 내는 특정한 빛의 파장과 세기, 전형적인 개의 모습을 떠올리게 하는 특정한 외형과 크기 같은 것이다. 비슷한 변형들이 제시되었을 때, 인간의 정신은 그 변형들의 평균치에 가까운 표준을 추론할 수 있다. 그리고 표준에 딱 맞아떨어지는 예가 없더라도 그것을 하나의 전형으로 사용한다. 유전자와 문화의 공진화에서 가장 중요한 것은 자극이 계속적으로 변하더라도 그러한 구분이 계속 창조되고 이름 붙여진다는 것이다. 즉 정신은 자동적으로 세상에 대해 상당히 불연속적이고 계층적인 질서를 부여하려 한다.

의미 기억의 기본 단위를 구성하는 대부분의 개념은 문화사의 특수성에서 비롯된 순수하게 표현형적인 변이의 영향을 받는다. 그럼에도 불구하고 그러한 개념들은 모든 문화에 걸쳐 일관되게 나타나는 몇몇 범주에 속하는 경향이 있다. 엘레노어 로슈(Eleanor Rosch)의 견해에 따르면, 기본적인 기하학적 형태(사각형, 원형, 삼각형), 여섯 가지 기본적인 감정에 대한 외적 표현(행복, 슬픔, 분노, 두려움, 놀람, 혐오), 기본 색깔(빨간색, 노란색, 녹색, 파란색)이 이러한 범주에 포함된다.

의미 기억의 마디 차원에는 개념, 명제, 도식의 세 가지가 있는데, 그중 어떤 것이든 문화 속에서 발생한 행동이나 유지되고 있는 인위적 결과들의 복잡성을 규정한다. 예를 들어 문자나 표

우리는 지금도 야생을 산다

의 문자를 식별하는 것은 개념의 차원이고, 낯선 것에 대한 최초의 구두 반응은 명제이며, 근친상간의 금기에 대한 표현은 도식이다. 이러한 의미 기억 모형이 유지된다면 마디의 계층 구조를 정교하게 해명하는 새로운 발견을 통해 문화 단위 또는 문화 유전자가 확인될 수도 있을 것이다. 마치 세포 화학의 진보가 유전자에 대한 지식을 증진시키고 개체군 구조에 대한 연구가 생물학적 종들에 대한 이해를 일신했던 것처럼 말이다.

마디와 문화 생성 단위들이 직접적으로 상응하는 것은 조직의 보다 낮은 수준에서 있음직한 일이지만, 좀 더 복잡한 문화 구조를 의미의 마디 위에 일대일로 대응시킬 필요는 없다. 예를 들어 결혼 예식이나 신전 건축은 복합적인 문화 유전자를 가진 인지 활동에서 비롯된 수많은 연결된 행동들의 결과이다. 이러한 결과는 지역사의 특수성에 따라 변화한다. 결국 각각은 마디 연결망들을 결합하여 얻는 인지 발달의 결과로 해석될 수 있다. 문화 진화는 의미 기억의 기본 생성 구조의 첨가와 조합을 통해 행동과 그 산물의 외적 표현형이 변화하는 것이다.

후성 법칙

인지 발달의 후성 법칙은 마디가 창조되고 마디가 의미의 네트워크(이후에 문화로 이어진다.)를 형성하기 위해 결합하는 방식을 결정한다. 이러한 생리 과정은 환경에서 주어진 자극을 걸러 내고,

유전자와 문화

단기 기억과 장기 기억으로 저장된 것들을 다시 불러내고, 느끼고, 상상하고, 의사 결정을 내리는 인지의 각 단계를 밟아 나간다.

자극을 걸러 내고 행동을 일정한 방향으로 몰고 가는 문화의 생물학적 경로화를 가장 충실하게 분석한 사례는 시각적 어휘에 관한 것이다. 빛의 세기는 연속적인 것으로 인식된다. 방 안의 빛을 조명 스위치로 점차적으로 밝게 하거나 어둡게 하면 두뇌는 그 변화를 연속적 진행으로 인식한다. 따라서 거기에는 어떤 단계나 표준이 없으며 결과적으로 빛의 세기의 변화를 표현하는 어휘도 적은 편이다. 그렇지만 정상 시력을 가진 사람이라면 빛의 파장 변화를 연속성을 지닌 빛의 속성으로 보지 않는다. 파란색, 노란색, 빨간색, 녹색의 네 가지 기본색과 그 중간에 존재하는 다양한 혼합색들로 본다. 방 안을 가득 비추고 있는 짧은 파장의 단색 빛(가령 푸른 빛)의 파장이 점차적으로 길어진다면 그 변화는 하나의 기본색에서 다른 색으로 바뀌는 일련의 단계들로 감지될 것이다.

이러한 환영에 대한 생리학적 기초들이 부분적으로 알려져 있다. 색을 구분하는 인간의 선천적인 능력은 망막 중추들이 파란색, 노란색, 빨간색, 녹색에 가장 민감하게 반응하는 세 가지 유형으로 분화하는 것에서 비롯된다. 빛에 반응하는 망막 중추의 색소들은 막단백질과 각각 하나의 아포단백질에 부착되어 있는 레티놀이라는 색소 분자들이다. 광자가 지나가면 레티놀은 시스(cis)형에서 트랜스(trans)형으로 바뀌고, 아포단백질은 구조적인 변화를 일으킨다. 그리고 이러한 변화는 구심성 신경 세포를 전

우리는 지금도 야생을 산다

기적으로 자극한다. 최근 들어 빨간색과 녹색에 반응하는 색소들이 확인되었고, 그것들을 지정하는 유전자들의 위치와 서열로 확인되었다. 또한 색맹에 관한 멘델의 유전 법칙도 부분적으로 확인되었다. 색의 암호화는 시상의 외측슬상핵에 있는 네 종류의 중간 뉴런들에서 일어나고, 이것은 다시 대뇌 피질의 시각령으로 전달된다.

이러한 사실들이 문화와 어떤 관계가 있는 것일까? 색 지각의 후성적 제한이 언어에 영향을 미친다는 사실은 연구 대상이 되었던 모든 문화의 언어들 속에서 확인되었다. 브렌트 벌린(Brent Berlin)과 폴 키(Paul Key)는 그들의 고전적인 연구에서, 전 세계 20개 언어권(아라비아어, 불가리아어, 광둥어, 카탈로니아어, 히브리어, 이비디오어, 일본어, 태국어, 첼탄어, 우르두어 등)의 원어민들에게 먼셀표색계의 색상과 명도로 분류된 칩들을 정렬하여 보여 주는 실험을 했다. 벌린과 키는 색을 표현하는 그들의 주요 단어들을 이 이차원의 배열 안에 배치해 달라고 요청했다. 실험 결과 대부분의 언어들이 색채를 식별하도록 하는 후성 법칙을 따르는 방식으로 발달했다는 사실이 뚜렷하게 드러났다. 단어들 대부분이 선천적으로 식별되는 색채들에 상응하는 각각의 묶음들로 나타났던 것이다.

로슈의 또 다른 실험은 학습의 편향화가 이루어지는 정도를 보여 주었다. 로슈는 인지 과정에 적용되는 '자연적 범주들'을 찾는 과정에서 뉴기니의 다니족이 색을 표현하는 단어들을 가지고 있지 않으며, 오직 '밀리(mili, 대략 '어둡다'는 뜻)'와 '몰라('밝다'는 뜻)'

만을 사용하고 있는 것을 알게 되었다. 로슈는 다음과 같은 질문을 제기했다. 다니족 성인들이 색에 관한 어휘들을 배울 때, 그것이 선천적으로 구별할 수 있는 주요 색에 해당된다면 더 쉽게 배울 수 있을까? 다시 말해, 선천적인 유전적 제한에 의해 문화적 변화의 경로화가 일어날까?

로슈는 다니족 지원자 68명을 두 집단으로 나누었다. 첫 번째 집단에게는 파란색, 녹색, 노란색, 빨간색의 기본적인 색채 범주에 해당하는 색채 용어를 새로 만들어서 가르쳤다. 대부분의 문화가 이 기본적인 색채 범주를 지칭하는 그들 나름의 자연 어휘를 가지고 있다. 두 번째 집단에게는 다른 언어들에 나타나는 주요한 묶음들과는 거리가 먼 중심에서 벗어난 색을 표현하는 새로운 용어들을 만들어서 가르쳤다. 색을 지각하는 '자연적' 경향을 따랐던 첫 번째 지원자 집단은 '덜 자연적인' 색채 용어들을 배운 경쟁 집단보다 학습 속도가 두 배나 빨랐다. 그리고 선택권이 주어졌을 때 그들은 이 용어들을 더 쉽게 선택했다.

같은 목적으로 게르다 슈메츠(Gerda Smets)는 정신 미학에 관한 실험을 했다. 그녀는 성인들에게 다양한 복잡성을 지닌 기하학적 디자인들을 보여 줬을 때 발생하는 생리적 자극의 정도를 측정했다. 그녀는 의식적인 자각이 없을 때조차 자극의 지표로 해석되는 알파파 저해 현상을 측정 수단으로 사용했다. 컴퓨터상의 수치로 20퍼센트의 반복성을 지닌 도형을 만들어 보여 줬을 때 최대치의 반응이 나타났다. 이 수치는 10~20도 정도 기울인 미로에 대해서 관찰되는 것이다. 이보다 적거나 많은 경우, 훨씬 덜 자극이었다. 이 20퍼센트가 즉각적인 인식이나 미적인 쾌감을 위해 선택된 문자, 표의 문자, 장식띠 무늬, 격자무늬에 나타나는 복잡성의 정도와 들어맞는다는 것은 우연이 아닌 듯하다. 다시 말하면, 인지 과정의 선천적인 제한 작용이 예술과 문자 문어의 발달에 강한 영향을 미칠 수 있다는 것이다.

심리학자들은 학습 과정에 작용하는 선천적인 경향을 '준비된(어떤 것을 향한)', 또는 '역으로 준비된(어떤 것에 반하는)'이라는 말로 묘사한다. 이러한 선천적인 경향에 대한 사례 중 가장 인상적인 것은 아마도 공포심에 관한 것일 것이다. 공포심은 극단적이고 불합리한 두려움으로서 메스꺼움, 식은땀, 그 밖에 중추 신경계에서 일어나는 다른 반응들을 수반한다. 먼 옛날 인류의 환경속에 존재했던 가장 큰 위험들, 예를 들면 밀폐된 공간, 높은 곳, 뇌우, 급한 물살, 뱀, 거미 등은 이러한 공포심을 쉽게 불러일으킨다. 하지만 총, 칼, 차, 폭탄, 전기 콘센트 등 현대 산업 사회에 존재하는 가장 큰 위험 요소들에 의해 공포심이 환기되는 경우는 드물다. 이 점은 주목할 만하다.

유전자에서 문화로의 전환

유전자와 문화의 공진화가 이루어지는 과정을 더 명확히 그려 보기 위해 지구로부터 멀리 떨어진 행성에 존재하는 두 외계 문명을 상상해 보자. 두 문명 모두 인류와 같은 수준의 문화적 복잡성을 지니고 있고, 대부분 학습을 통해 자신들의 문화를 전달한다. 그런데 두 문명 중 한 곳에서는 문화를 각각의 범주 속에서 한 가지 버전으로만 전달할 수 있다. 하나의 언어, 한 곡의 사랑 노래, 한 가지 형태의 결혼 예식, 한 가지 방식으로만 수행되는 전쟁 등등. 문화의 '순수한 유전적 전달'에 기초한 이 극단적인 형태의 문명에서는 유전자가 학습 과정을 제한한다. 교실 안에서 문화를 가르치고 책으로 기록하는 행위가 이루어진다고 해도 이러한 사실에는 변함이 없다. 이러한 상상은 그리 황당한 것이 아니다. 이 외계종의 개체들은, 다른 모든 노래들에 대해서 둔감하며 노래하는 방법을 배우기 위해서는 오직 같은 종의 노래를 들어야 하는 캘리포니아의 흰머리참새와 비슷하다.

두 번째 외계 종은 겉보기에는 첫 번째 종과 닮았지만 정신적으로 완전히 백지 상태이다. 그곳 주민들에게는 모든 문화적 가능성이 열려 있다. 모든 언어, 모든 노래, 비슷한 난이도를 가진 모든 구체적인 전술들을 그들에게 가르칠 수 있다. 이러한 '순수한 문화적 전달'의 시나리오에서 유전자는 몸과 뇌의 구조를 감독하지만 행동에는 관여하지 않는다. 정신은 전적으로 이 외계인들이 사는 장소, 그들이 먹는 음식, 실수로 생겨난 단어와 동작들을 포함하는 역사적 우연의 산물이다.

물론 인간은 이 극단적인 두 종들 중간에 자리 잡고 있다. 우리의 사회적 행동은 유전-문화 전달에 기초를 두고 있다. 수많은

우리는 지금도 야생을 산다

가능성이 학습될 수 있고 변화가 빈번하게 일어난다. 그러나 감각 기관과 두뇌에 남아 있는 생물학적 속성들은 특정한 선택을 선호하게 하거나 최소한 다른 것들보다 더 쉽게 학습할 수 있게 한다. 근친상간의 기피와 같은 어떤 언어의 의미(심도 있는 문법적 특성이 아니라)에 대해서는 그러한 선택들이 매우 광범위하고 동등하게 일어난다.

정신 발달에 관한 이러한 개념은 우리에게 하나의 질문을 던진다. 그 질문은 전체 사회들 혹은 특정 사회의 구성원들 사이에서 이루어지는 문화 유전자의 선택과 거기서 비롯되는 변이에 관한 것이다. 문화의 진화가 보여 주는 몇몇 인상적인 현상들은 유전적 진화와 나란한 평행선을 그린다. 돌연변이의 방식으로 집단 내에 나타나는 혁신들은 유전자처럼 확산되고, 자연 선택과 무작위적 부동을 닮은 과정들을 통해 촉진되거나 단절된다. 이들 생물학적 기반을 가지고 있는 실체와 환경 사이의 상호 작용은 적어도 전통적인 유전적 진화를 조절하는 상호 작용만큼이나 복잡하고 방대한 양의 분석을 필요로 한다. 사회의 특수한 환경, 주변 문화와의 접촉 정도, 역사적 우연, 구성원들 사이에서 나타나틀 유전적 변이 등이 고려해야 할 변수들이다.

사회 과학자와 인문학자는 각자의 언어를 사용하면서 이러한 문제들에 대해 상당히 깊이 있게 탐구해 왔다. 그러나 문화적 변이에 대한 그들의 설명이 풍부하고 통찰력 있는 것이기는 하지만 그들은 정신 생활의 생물학적 기초 속으로 파고들지 못하고 있다. 행동과 문화에 관한 평범하고 귀납적인 기술로는 사실 이러한 목적을 달성할 수 없다. 다윈이 말했듯이 '요새 자체를 공격하는 것'으로는 충분치 않다. 좀 더 가능성 높은 접근 방식은 오히려 우회적인 것이다. 그것은 분석과 종합을 결합한 방식으로 문화적 변이를 그 주된 경향과 함께 재구성하는 것이다. 이러한 접근법으로 생물학과 인지 심리학의 지식들을 이용한다면 좀 더 복잡한 사회 현상을 설명할 수 있을 것이다.

인지 과정과 관련하여 유전적으로 균일한 집단 같은 단순한 사례에서부터 분석을 시작해야 한다. 그렇게 하는 편이 논리적이다. 찰스 럼스던(Charles Lumsden)과 나는 1980년과 1982년 사이에 공동 연구를 수행했고, 그 결과를 토대로 1984년에 『프로메테우스의 불(Promethean Fire)』을 출간했다. 우리는 개인적인 학습과 의사 결정이 문화적 다양성으로 전환하는 과정을 연구 과제로 삼았다. 물론 유전적 변이가 존재하지 않는 비교적 균일한 환경을 대상으로 했다. 우리는 인지 발달의 편향화가 보여 주는 다양한 수준과 형태들에서 기인한다고 예상되는 문화적 다양성의 유형들을 찾기 시작했다. 그리고 우리가 관찰한 유형들이 인지 발달 연구 면에서 이해되는 것들과 일치하는지 자문했다.

우리는 간단한 관찰로 연구를 시작했다. 결혼 풍습, 드레스의 형태, 덕담 같은 윤리적 권고 등이 여기에 포함되었다. 사람들은 자신의 기억을 수정하거나 일상생활에서 결정을 내려야 할 때마다 의미 기억의 독특하고 제한적인 속성들을 따르는 일련의 인지

우리는 지금도 야생을 산다

사건들을 재연한다. 문화 유전자들이 모두 동등하게 취급되는 것은 아니다. 인지 과정은 완전히 중립적인 여과 장치로 진화하지 않았으며, 인간의 정신은 특정한 유전자들을 다른 것들보다 더 쉽게 통합하고 이용한다. 게다가 편향화는 세대, 즉 사회의 인구학적 속성에 따라 변화하는 유형들에 따라 달라진다.

이 같은 관습적인 편향화 과정들은 불연속적이고 일시적이기 때문에 다만 전환 가능성에 의해 측정될 수 있으며 그 전환 가능성들은 마르코프 과정(확률 과정의 하나. 각 실험에서 결과에 대한 확률은 이전 결과의 확률에 따라 결정된다. — 옮긴이)으로 취급될 수 있다. 이 모형들은 개인들의 선택에 근거하는 실제 데이터(결코 모든 데이터를 의미하는 것은 아니다.)를 수용할 만큼 충분히 넓은 범위에서 기억과 사회적 맥락을 통합할 수 있다. 그동안 사회학적 연구에서 축적된 경험들이 이러한 사실을 증명해 왔다.

우리는 통합된 경험과 기억들이 한층 더 현실적인 문화적 변이로 전환되는 과정에서 그에 필요한 도약을 만들어 내는 방식들을 연구해 왔다. 특히 하나의 대안적 선택이 다른 선택으로 전환될 확률은 다른 이들에 의해 이미 만들어진 선택들, 즉 문화적 맥락의 영향을 받는다. 이러한 사회적 작용이 얼마나 많은가에 관한 연구는 그다지 많지 않다. 그러나 그러한 사회 작용이 대체로 하나의 행동 범주에서 다른 범주로 달라진다는 것을 증명할 만큼은 충분히 알려져 있다. 예를 들어 각 개인은 일생 동안 다른 사람들의 선택과는 상관없이 근친상간을 피하는 반면, 길거리의 인파 속에서 주변 사람들이 한 방향을 바라보는 비율이 높아지면 그 방향을 따라갈 수도 있다.

확률 과정 등의 수학적 테크닉을 이용하면 의사 결정과 사회적 네트워크가 미치는 영향을 문화적 다양성의 유형들로 읽어 볼 수 있다. 이러한 단계의 연구들은 아직까지 이론 상태에 머물러 있다. 그럼에도 불구하고 그것들은 학자들로부터 많은 주목을 받을 만큼 매우 흥미로운 몇몇 보현적인 성과들을 보여 주었다. 먼저 그러한 처리 과정은 인지 과학과의 접목을 가장 쉽게 하면서 문화적 다양성을 수량적으로 표현하는 것을 가능케 했다. 이러한 민족지학적인 분포에는 한 사회 구성원들이 자주 사용하거나 최소한 더 사용하기를 좋아하는 문화 유전자들이 서로 다른 비율로 나타난다. 사회에 따라 특정한 문화 유전자가 나타나는 비율이 다르며, 그 사회들은 민족지학적인 분포 속에서 다른 빈도수를 보인다. 단순한 민족지학적 분포의 예를 들어 보면 다음과 같다. 전체 사회 중 52퍼센트의 사회에서는 모든 구성원들이 근친상간을 반대하고, 46퍼센트의 사회에서는 99퍼센트가 반대하며, 2퍼센트에 해당하는 사회에서는 98퍼센트의 구성원들이 반대한다.

이 모형들을 통해 발견된 주목할 만한 사실은 다음과 같다. 설령 모든 사회가 강력한 유전적 기반을 갖고 있다 하더라도(물론 동시에 특정한 인지 및 행동 범주에 근거한다.) 상당한 수준의 문화적 다양성을 기대할 수 있다. 즉 모든 인간 사회에 근친상간을 피하고 족외혼을 선택하려는 유전적 경향이 있다 하더라도 그 사회의 일

우리는 지금도 야생을 산다

부 구성원들은 근친상간을 기피하지 않고 받아들이는 선택을 할 것이다. 인간의 정신은 확률적으로 작용하기 때문에 같은 선택을 하는 구성원의 비율이 사회마다 동일할 수는 없으며 이에 따라 문화적 다양성의 패턴, 달리 말해 '민족지학적 분포의 형태'가 형성된다. 하나의 문화 유전자에 대한 편향 정도와 사회 내의 다른 구성원들이 먼저 선택한 것에 대한 민감성에 따라 각기 다른 형태의 곡선이 나타날 것이다. 인류는 인지 및 행동의 각 범주들에 대해 다양한 수준의 발달 경향과 민감성을 지닌 듯 보인다. 결국 문화적 다양성의 수량과 유형은 이러한 범주들 사이에서 다르게 나타날 것이라고 예상할 수 있다.

문화적 다양성의 존재는 그에 대한 유전적 제한이 없음을 의미한다고 주장할 수도 있다. 그러나 그것은 부적합한 결론이다. 어떤 면에서 보든 다양성의 발생 자체가 유전적 제한 작용에 관해 말해 주는 것은 아무것도 없다. 이에 반해 다양성의 유형들은 우리에게 많은 것을 이야기해 준다. 다양성에 대한 생물학적 작용이 사회들 간의 유전적 차이를 암시한다고 생각하는 것은 또 다른 일반적 오해이다. 다양성은 유전적으로 균일한 집단 내에서도 뚜렷한 유형들로 나타난다. 이는 럼스던과 내가 진행한 연구에서도 관찰된 사실이다.

이러한 모형들은 또 다른 중요한 결과를 가져온다. 그 중요한 결과한 바로 유전자에서 문화로 전환되는 과정에 관한 이론이다. 다양한 인지 및 행동 범주들에서 중요한 요소로 간주되는 경향과

　　　　　　　　　유전자와 문화

민감성의 차이들은 문화적 다양성의 패턴들 사이에서 눈에 띄는 차이점을 만들어 낸다. 가장 인상적인 것은 그 차이점들의 분포가 단일 최빈수(최빈수는 주변의 빈도보다 높은 빈도수를 말한다.)에서 복수 최빈수로 변화한다는 사시이다. 그 차이점들은 사회학적 자료와 민족지학적 자료가 비교적 불충분한 경우라도 충분히 탐구될 수 있을 만큼 큰 것이다. 이러한 사실은 인류학과 사회학의 데이터가 어떻게 인지 심리학과 사회 심리학 연구에 직접적으로 이용될 수 있는지를 보여 준다. 그리고 이를 통해 인지 심리학과 사회 심리학 연구들은 문화에 대한 일반적이고 계량화된 이론을 만들어 낼 수 있게 된다.

문화는 생물학에 뿌리를 두고 있다. 그것도 아주 깊이. 문화의 진화는 정신 발달의 후성 법칙들을 통해 경로화되며 그러한 법칙들은 유전적으로 정해져 있다. 우리는 자연 선택을 거쳐 유전자 발현 빈도의 변화에 이르기까지 그리고 유전적 규칙에서부터 문화의 형성에 이르기까지 완벽한 인과 관계의 고리를 그려 볼 수 있다. 유전자와 문화가 서로 영향을 주고받는 과정이 알려지면서 유전자와 문화의 공진화는 이러한 고리의 부분들과 분석적 모형들에서 연구된 몇몇 핵심적인 단계들을 통해 입증되어 왔다. 이러한 탐색들을 더 심도 있게 진행하는 것은 앞으로의 문화 연구에 큰 성과를 가져다줄 것이다.

우리는 지금도 야생을 산다

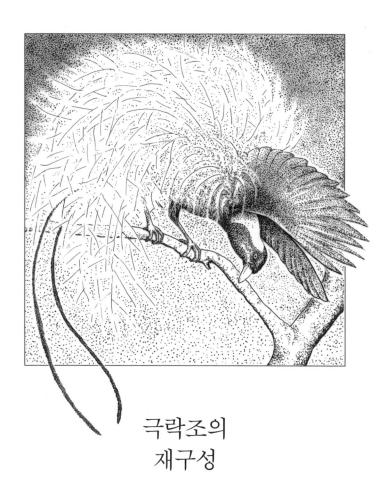

극락조의
재구성

과학의 임무는 예술의 역할과 마찬가지로 저 멀리 존재하는 의미를 가까이 있는 이미지와 혼합하는 것이다. 즉 매우 일관성이 있어서 진실이라고 받아들이기에 충분한 커다란 패턴 안에서 우리가 이미 알고 있는 부분들과 새로 주어진 것들을 섞는 것이다. 현장 조사 기간 동안 생물학자들은 이러한 관계들을 직관적으로 이해하고, 무한히 변화하는 자연의 패턴들에 질서를 부여하기 위해 전력을 다한다.

뉴기니의 후온 반도를 떠올려 보자. 후온 반도는 미국의 로드아일랜드 주만 한 넓이이며 모양도 그와 비슷하다. 뉴기니 섬의 북동 해변으로부터 뻗어 나간 그곳은 오랜 세월 동안 비바람에 깎여 마치 뿔처럼 튀어나온 모습을 하고 있다. 스물다섯 살 되던

극락조의 재구성

해에 나는 반도의 기슭을 가로지르는 여행을 했다. 그때 내가 가진 것이라고는 하버드 대학교에서 갓 딴 박사 학위와 이름도 생경한 먼 곳에서 자연을 연구하며 모험을 하고 싶다는 희망뿐이었다. 나는 나 자신이 가지고 있는 모든 용기를 모아 힘들고 불확실한 여행에 나서야 했다. 내 목적은 저지대로부터 산맥의 가장 높은 곳에 이르는 길을 여행하며 개미와 몇몇 다른 작은 동물들의 표본을 채집하는 것이었다. 내가 아는 한, 나는 이 특이한 경로를 택한 첫 번째 생물학자였다. 나는 내가 발견하는 거의 모든 것들이 기록할 만한 가치가 있으며 채집한 모든 표본들이 박물관에서 환영받을 것이라는 사실을 알고 있었다.

나는 남부 라에 해안 근처에 있는 선교 본부에서 출발하여 사흘 동안 걸어간 끝에 해발 3658미터에 달하는 사라와게트 산맥에 올랐다. 마침내 수목 한계선 위쪽의 초원에 이르렀을 때 그곳에는 소철이 산재해 있었다. 소철은 중생대에 출현한 키가 작은 겉씨식물로서 생김새는 발육이 덜 된 야자나무와 닮았는데 8000만 년 전에 공룡들이 뜯어 먹었을 그 조상들의 모습에서 그다지 변하지 않았다. 구름이 걷히고 태양이 밝게 비추던 어느 쌀쌀한 아침, 화살을 쏘며 개들과 함께 고산(高山)왈라비를 사냥하던 파푸아 섬 출신의 안내인은 갑자기 사냥을 멈추었다. 그리고 나 역시 알코올 병에 딱정벌레와 개구리를 담는 일을 중단했다. 북으로 비스마르크 해에서 남으로 마르컴 계곡과 더 멀리 헤르조그 산맥까지 참으로 보기 드문 장관이 우리 앞에 펼쳐졌다. 이 산악

　　　　　　　　　우리는 지금도 야생을 산다

지대의 대부분을 덮고 있는 원시림들은 고도에 따라 다양한 초목들의 띠를 이루고 있었다. 우리 바로 밑에 있는 지역은 구름에 둘러싸인 숲이었는데, 나무줄기와 가지들이 복잡하게 얽힌 하나의 미로와도 같았다. 그곳에는 이끼와 난초, 그리고 다른 착생 식물들이 나무줄기와 가지들을 두껍게 덮고 있었으며, 나무의 몸통을 감싸면서 이어져 땅 위를 가로지르고 있었다. 이 고지대의 미로들을 추적하는 것은 녹색 해면질로 덮여 있는 어슴푸레한 동굴 속을 기어 다니는 것과 같았다.

300미터 정도 아래에 있는 지대부터는 초목들의 간격이 약간 넓어져 있었는데 마치 전형적인 저지대 우림처럼 보였다. 다만 그보다는 나무들이 작고 조밀했으며 그들 중 몇몇으로부터 매우 가는 판근들이 뻗어 내려 있었다. 식물학자들은 이 지대를 중턱 산림이라고 부른다. 이곳은 새, 개구리, 곤충, 현화식물 등 수천 종의 생물들이 살고 있는 매혹적인 세계이며, 그들 중에는 다른 곳에서는 전혀 볼 수 없는 것들도 포함되어 있다. 이들은 함께 어우러져 파푸아뉴기니에서 가장 풍부하고 때 묻지 않은 동식물군을 형성하고 있다. 이곳 중턱 산림을 보는 것은 수천 년 전 인간이 도래하기 이전에 존재했던 생명들의 상태를 보는 것과 같다.

이 부근에서 보석처럼 빛나는 존재는 수컷 독일황제극락조(*Paradiaea guilielmi*)이다. 독일황제극락조는 세상에서 가장 아름다운 새라고 할 만하다. 순위를 따진다면 틀림없이 20위 안에 들 만큼 멋진 외모를 지니고 있다. 숲 속의 갈래길을 조용히 따라가다 보면 우듬지 근처 이끼 덮인 가지 위에 앉은 독일황제극락조 한 마리를 볼 수 있을지도 모른다. 이 새의 머리는 까마귀의 머리처럼 생겼다. (극락조와 까마귀는 가까운 친척이므로 그다지 놀랄 일이 아니다.) 하지만 이외에는 다른 보통 새들과 외관상으로는 닮은 점이 없다. 이 새의 머리와 윗가슴은 금속성 광택이 나는 녹색인데 햇빛을 받으면 반짝인다. 등의 색깔은 윤이 나는 노랑이며 날개와 꼬리는 짙은 고동색이다. 가슴의 옆면과 옆구리에는 흰 상아빛 깃털들이 옷자락에 달린 레이스처럼 둘려져 있다. 둥글게 말린 깃털들은 가슴 옆면부터 꼬리까지 이어져 있다. 얼핏 보면 철사 모양의 부속지(附屬肢)처럼 보이기도 하는데, 그 길이는 새의 전체 몸길이와 맞먹을 정도이다. 부리는 청회색이고, 눈은 선명한 호박색이며, 발톱에는 갈색과 검은색이 섞여 있다.

짝짓기 철이 되면 수컷은 다른 수컷들과 함께 구애 장소로 모인다. 높은 나뭇가지 위에 있는 횟대인데 이곳은 말하자면 모두에게 열린 구애의 무대라고 할 수 있다. 그들은 사뭇 수수한 차림을 하고 있는 암컷들 앞에서 화려한 장식을 뽐낸다. 수컷은 옆구리에 나 있는 가볍고 얇은 깃털들을 세우며 날개를 펴서 흔들어 댄다. 둥근 깃털들을 하늘로 향해 펴면서 날개와 꽁지깃을 펼치는데, 이때 발랄한 플루트 소리 같은 소리를 목청껏 내기도 하고 나뭇가지 위에서 몸을 뒤집기도 한다. 춤이 절정에 이르면 녹색 가슴 털을 부풀리고 머리, 꽁지깃, 날개를 쭉 뺀다. 이렇게 하면 몸통을 중심으로 눈부신 하얀 원이 생긴다. 수컷은 마치 산

우리는 지금도 야생을 산다

들바람 속에 서 있는 것처럼 몸을 옆으로 부드럽게 흔들면서 우아하게 깃털들을 펄럭인다. 약간 떨어져서 보면 수컷은 마치 산들바람 속에 서 있는 것처럼 몸을 옆으로 부드럽게 흔들면서 우아하게 깃털들을 펄럭인다. 약간 떨어져서 보면 수컷의 몸은 빙빙 도는 흐릿한 흰색 디스크처럼 보인다.

후온의 숲 속에서 볼 수 있는 이 신비로운 광경은 수천 세대에 걸친 자연 선택을 통해 만들어졌다. 이 자연 선택 속에서 수컷들은 경쟁했고 암컷들은 선택했다. 그리고 과시를 위한 장식들은 극단적으로 시각화되는 방향으로 흘렀다. 그러나 이는 생리학적인 역사 속에서 관찰되며 단일한 인과 관계의 차원을 통해 파악되는 하나의 특질일 뿐이다. 깃털로 덮인 독일황제극락조의 외관 이면에는 먼 옛날 그들의 전성기와 관련된 복잡한 구조가 숨겨져 있다. 춤과 색이 어우러진 정교한 시각적 표현 속에서 그 세부 요소들을 상상해 볼 수도 있을 것이다. 하지만 그 세부 요소들은 이러한 수준을 넘어선다.

생물학적 연구 대상으로서 독일황제극락조를 분석해 보자. 수컷 극락조 한 마리를 만들어 내는 발생 프로그램은 그 새의 염색체들 안에 암호화되어 있다. 그 신경계는 섬유 조직으로 이루어진 구조이다. 그것은 세상의 어떤 컴퓨터보다 복잡하다. 그리고 그것을 분석하는 일은 뉴기니의 모든 우림 지대들을 도보로 답사하는 것만큼이나 엄청난 과제이다. 언젠가 이 같은 미시적 연구들은 우리로 하여금 전기적 명령들이 원심성 신경들에 의해 골격-근육계에 전달되는 경로를 추적할 수 있게 해 줄 것이다. 어쩌면 수컷 극락조의 구애 춤을 부분적으로 재현할 수 있을지도 모른다. 이러한 메커니즘을 세포의 수준에서 해부하고 이해할 수도 있을 것이다. 그것은 효소의 촉매 작용, 미세 섬유의 배열, 그리고 전기적 신호가 방출되는 동안 나트륨 수송이 활성화되는 현상 등에 대한 분석을 통해 가능할 것이다.

현재 생물학은 모든 시공간적 경계를 넘어서고 있다. 이에 따라 연구의 각 단계마다 더 많은 발견들이 이루어질 것이며, 그것들은 우리에게 자연의 신비에 대한 새로운 감각을 선사할 것이다. 인식의 규모를 마이크로미터와 1000분의 1초 단위로 바꿔 보라. 그렇게 하면 세포 생물학자의 힘들고 고된 여행이 자연학자의 대륙 횡단 여행과 같은 것임을 알게 될 것이다. 자연학자는 산꼭대기에서 자신만의 세상을 바라본다. 고난, 시행착오, 성공으로 이어지는 그의 개인사는 물론 그의 모험 정신도 근본적으로 같다.

극락조에 대해 분석적으로 기술하다 보면 마치 이 새가 인문주의자들이 가장 혐오하는 과학의 일면에 관한 은유처럼 보인다. 과학은 자연성을 훼손하며 예술에 대해 무지하다! 과학자들은 잉카의 황금을 모두 녹여 버린 정복자들이다! 그러나 과학은 단지 분석적이기만 한 것이 아니라 종합적이기도 하다. 과학은 예술과 마찬가지로 직관과 상상력들을 이용한다. 실제로 초기 분석 단계에서는 각 개체들의 행동이 유전자와 감각 신경 세포 차원으로 기계적으로 축소될 수 있다. 그러나 종합적인 단계에 이르면 생물학적 단위들의 가장 기초적인 활동들조차 사회와 유기체의 수준에서 풍부하고 정교한 패턴들을 창조하는 것으로 간주될 것이다. 극락조의 외적인 특성들, 깃털, 춤, 일상생활은 일종의 기능적인 형질들이다. 우리는 그 구성 요소들에 대한 정확한 기술을 통해 극락조에 대해 좀 더 깊이 이해할 수 있다. 전체적인 측면에서 볼 때, 그것들은 우리의 인식과 감정을 놀라운 방식으로 바꾸는 특질들로 재정의될 수 있다.

극락조에 대해 수고로운 분석 작업을 진행하고 거기에서 얻은 모든 정보들을 종합함으로써 극락조를 재구성하게 되는 시기가 올 것이다. 그때가 되면 인간의 정신은 새로 발견한 능력을 이용하여 친숙한 센티미터와 초의 세계로 돌아갈 것이다. 그곳에서 그 빛나는 깃털들이 다시 형상화되고 그 모습은 한걸음 떨어진 거리에서 나뭇잎과 안개의 그물망을 통해 보일 것이다. 우리는 그 반짝이는 눈이 열리고 고개가 젖혀지며 날개가 펼쳐지는 광경을 다시 보게 될 것이다. 이제는 그 익숙한 동작들이 훨씬 더 확장된 인과 관계를 통해 보일 것이다. 이 종은 좀 더 완벽하게 이해될 것이고 잘못된 환상들은 좀 더 종합적인 지식과 지혜에 자리를 내줄 것이다. 지성의 고리 중 하나가 이렇게 완성되면 이 종의 진정한 물질적 특성을 묻는 과학자들의 질문들은 사냥꾼과 시인의 좀 더 영구적인 대답에 의해 부분적으로나마 대체될 것이다.

먼 옛날부터 전해 내려온 그 응답들이란 과연 어떤 것인가?

완전한 답변은 과학과 인문학이 결합된 언어를 통해서만 가능하며, 그것에 의해서만 연구의 방향을 그 자체로 돌릴 수 있다. 극락조와 마찬가지로 인간 역시 분석과 종합이 결합된 방식을 통한 고찰을 기다리고 있다. 우리는 생리학적 시간을 통해, 특수성과 보편성을 결합하는 전통적인 예술의 방식 속에서 감정과 신화를 관망할 수 있다. 그러나 우리는 정신 발달 과정, 두뇌의 구조, 그리고 유전자 자체를 분석하는 물리적 기초를 통해서 과학 이전 시대보다 더 깊이 감정과 신화를 통찰할 수 있다. 심지어 문화가 형성된 시대로 거슬러 올라가 인간 본성이 진화했던 근원들을 추적할 수도 있다. 생물학 연구로부터 새로운 종합의 단계들이 나타날 때마다 인문학의 범위와 가능성은 더욱 확대될 것이고, 균형 잡힌 흐름 속에서 인문학의 방향이 재설정될 때마다 과학은 인간 생물학에 새로운 차원들을 더해 갈 것이다.

우리는 지금도 야생을 산다

자연의
파노라마

작은 것들이
세상을 움직인다

척추동물과 비교하면 무척추동물의 종류는 실로 방대하다. 1988년 나는 전문가들의 도움을 받아 수집한 문헌 기록을 근거로 4만 2580종의 척추동물이 과학사에 기록되었다고 추정한 바 있다. 여기에는 6300종의 파충류와 9040종의 조류, 그리고 4000종의 포유류가 포함되어 있다. 이에 비해 무척추동물은 99만 종이나 기록되었으며, 딱정벌레는 그중 29만 종을 차지한다. 이는 모든 척추동물의 수를 합한 것보다 일곱 배나 많은 수치다. 최근의 추산에 따르면 지구상에 존재하는 무척추동물의 종수는 1000만 또는 그 이상일 것이라고 한다.

우리는 무척추동물이 왜 그렇게 다양한지 그 이유를 확실히 알지 못하지만, 일반적으로 그들의 작은 크기가 핵심적인 특질이

작은 것들이 세상을 움직인다

라고 생각하고 있다. 그들은 몸의 크기가 작은 만큼 생태적 지위 또한 좁다. 그들은 환경을 훨씬 더 좁은 전문 영역으로 나누어 공존한다. 미세한 생태 영역을 생활 터전으로 삼는 이러한 전문가들 중에서 내가 자주 인용하는 것은 군대개미의 몸에 붙어 사는 진드기들이다. 병정개미의 턱에 붙어 사는 진드기는 숙주의 입에 묻은 음식물을 먹고 산다. 병정개미의 뒷다리에서만 발견되는 또 다른 종류의 진드기는 생존을 위해 개미의 체액을 빨아먹는다. 이외에도 기괴한 조합들이 존재한다.

무척추동물들의 다양성을 설명할 수 있는 또 다른 이유는 이 작은 동물들의 오랜 역사에 있다. 긴 역사는 이들에게 환경을 탐색할 수 있는 시간을 주었다. 최초의 무척추동물이 출현한 시기는 지금으로부터 최소 6억만 년 전인 선캄브리아기로 거슬러 올라간다. 대부분의 무척추동물문은 약 5억만 년 전 척추동물들이 그들의 무대에 끼어들기 이전부터 번성하고 있었다.

무척추동물들은 무게로도 이 지구를 지배하고 있다. 예를 들어 브라질 아마존 마나우스 근처의 열대 우림 지역에는 1헥타르(1만 제곱미터)의 면적에 수십 마리의 새와 포유동물 들이 산다. 그런데 같은 공간에 사는 무척추동물의 수는 1조 마리가 넘는다. 그들 중 대다수는 진드기와 톡토기이다. 1헥타르 안에 서식하는 동물들의 전체 건조 중량은 약 200킬로그램인데 무척추동물이 93퍼센트를 차지한다. 개미와 흰개미만 따져도 전체 생물 중량의 3분의 1에 이른다. 당신이 열대림이나 다른 육상 서식지를 걷고 있

우리는 지금도 야생을 산다

을 때, 또는 산호초 위나 바다를 비롯한 물속 환경에서 잠수복을 입고 헤엄치고 있을 때, 대부분의 시간 동안 당신의 눈을 끄는 것은 척추동물일 것이다. (생물학자들은 당신이 보려고 하는 것이 커다란 동물들이기 때문이라고 말할 것이다.) 하지만 당신은 무엇보다도 무척추동물들이 지배하는 세계를 방문하고 있는 것이다.

사람들은 척추동물들이 식물들을 쓰러뜨리고, 숲에 난 오솔길을 짓밟고, 에너지의 대부분을 소비하면서 세상을 움직이고 뒤흔든다고 생각한다. 거대한 초식성 포유류 무리가 사는 아프리카 초원 지역 같은 몇몇 생태계에서는 그것이 사실일 수 있다. 지난 수세기 동안 우리 인간종이 보여 준 사례 속에서도 그것은 확실히 사실이었다. 우리는 지금 식물들이 포착한 태양 에너지의 40퍼센트 정도를 다양한 방식으로 독점하고 있다. 그러한 상황 속에서 우리는 지구의 위태로운 환경에 매우 위협적인 존재가 되어 버렸다.

하지만 지구상 대부분의 지역에서 세상을 움직이고 뒤흔드는 존재는 인간을 제외한 척추동물들이 아니라 무척추동물이다. 아프리카 중부와 남부에서 식생을 소비하는 가장 중요한 고객들은 사슴이나 설치류, 그리고 새들이 아니라 잎꾼개미이다. 하나의 잎꾼개미 군락 속에는 수백만 마리의 일개미들이 속해 있다. 음식물 수송을 담당하는 일개미들은 숲에 있는 잎사귀와 꽃과 수액을 품은 줄기들을 채집하기 위해 집 부근 사방 100미터 이상을 여행한다. 성숙한 군체는 하루에 대개 50킬로그램 정도의 신선

작은 것들이 세상을 움직인다

한 목초들을 채취한다. 소 한 마리의 하루 평균 소비량보다 많은 양이다. 일개미들은 흙 속 5미터 깊이의 수직 통로를 파고 내려가 그곳에 생활 공간을 만든다. 잎꾼개미와 다른 종류의 개미들은 박테리아, 균류, 흰개미, 진드기와 함께 대부분의 죽은 식물들을 처리하고 그 영양분을 식물들에게 되돌려 준다. 덕분에 거대한 열대림이 유지되는 것이다.

이와 같은 상황은 세계 다른 지역에도 무수히 존재한다. 산호초는 강장동물들의 몸체로 이루어졌다. 먼 바다에 가장 흔한 동물들은 요각류인데 이들은 플랑크톤을 형성하는 아주 작은 갑각류이다. 심해의 진흙 속에는 연체동물, 갑각류, 그 밖에 다른 작은 생명체들이 다양하게 살고 있다. 그들은 빛이 들어오는 얕은 바다에서 떠내려 온 나무 파편들과 동물들의 시체, 그리고 서로를 먹고 산다.

사실 우리는 무척추동물을 필요로 하지만, 그들에게 우리는 쓸모없는 존재다. 인류가 내일 당장 사라진다고 해도 세상은 큰 변화 없이 지속될 것이다. 지구상에 존재하는 생명의 총체인 가이아는 스스로 상처를 치유하고 풍족한 환경이 존재하던 10만 년 전의 상태로 돌아갈 것이다. 그러나 만약 무척추동물이 사라진다면 인간은 불과 몇 개월도 버티기 힘들 것이다. 모든 어류, 양서류, 조류, 포유류가 거의 동시에 멸종될 것이다. 다음에는 현화식물 대부분이 사라질 것이고, 그와 함께 전 세계 숲과 육상 서식지의 물리적 구조가 파괴될 것이다. 흙은 썩어 갈 것이다. 영양소의

우리는 지금도 야생을 산다

순환 경로가 좁아지고 끊어지면서 죽은 초목들이 쌓인 채 말라버릴 것이다. 이에 따라 다른 복합적인 형태의 식생들이 차례로 죽어 갈 것이고 마지막까지 남아 있던 척추동물들도 사라질 것이다. 세계는 수십 년 안에 주로 박테리아와 조류(藻類), 그리고 아주 단순한 소수의 다세포 식물들로 구성되어 있던 10억 년 전의 상태로 돌아갈 것이다.

우리로 하여금 그들에게 전적으로 의존하게 만드는 이러한 기능 외에도 세상을 움직이는 이 작은 생명체들은 끊임없는 과학적 모험심과 자연에 대한 경의를 불러일으킨다. 불모의 사막을 제외한 어느 곳에서든 두 손으로 흙을 퍼올려 보라. 당신은 그 속에서 수천만 마리의 무척추동물을 발견할 수 있을 것이다. 그 종류는 눈으로 볼 수 있는 것에서부터 극히 미세한 것까지, 개미와 톡토기에서 완보류(緩步類, 가시곰벌레 등이 속하는 몸길이 0.5~1밀리미터의 매우 작은 무척추동물—옮긴이)와 윤형동물에 이르기까지 다양할 것이다. 당신의 손에 있는 대부분의 종에 관한 생물학은 아직 알려져 있지 않다. 다만 그들이 무엇을 먹고 사는가, 그들을 먹는 동물들은 어떤 것인가, 그리고 그들의 생활사를 이루는 세부적인 요소들은 어떤 것인가에 대해 희미하게 짐작할 수 있을 뿐이다. 그들의 생화학이나 유전학에 관해서는 아는 것이 전혀 없다. 그들 중 어떤 것들은 심지어 학명조차 없다. 우리는 그들 중 어떤 것이 우리에게 얼마나 중요한가에 대해 거의 알지 못한다. 그들에 관한 연구는 인류에게 도움이 되는 새로운 과학적 원리를 가

작은 것들이 세상을 움직인다

르쳐 줄 것임이 분명하다. 각각의 생물은 제가끔 매혹적인 면모를 지니고 있다. 만약 인간이 크기에만 감동받지 않는다면 코뿔소보다 개미가 더 멋지다고 생각할 것이다.

　무척추동물들의 보존은 새롭게 강조되어야 한다. 눈앞이 아찔해질 만큼 다양하고 풍부하다는 이유로 그들이 불멸할 것이라고 생각해서는 안 된다. 오히려 정반대로 그들 역시 새들이나 포유동물들처럼 인간의 간섭으로 인해 멸종에 이를 만큼 상처받기 쉬운 존재들이다. 페루의 계곡이나 태평양의 섬에서 고유의 식생이 파괴된다면, 그 결과 몇몇 종의 새들과 수십 종의 식물들이 멸종할 것이다. 우리는 그러한 비극을 고통스럽게 받아들이는 반면에 수백 종의 무척추동물들이 사라질 것이라는 사실은 인식조차하지 못한다.

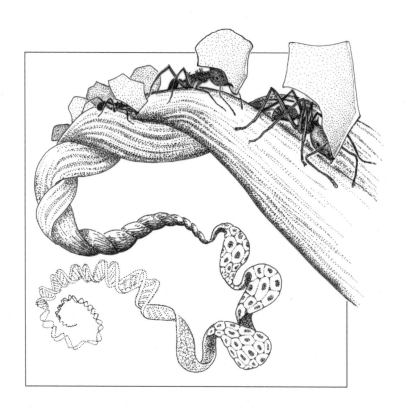

계통 분류학의 시대

과학사학자인 제럴드 홀턴(Gerald Holton)이 과학의 '테마타 (themata, 세계의 존재와 지식의 구성에 의미를 부여하는 어떤 무의식적인 사유 구조를 의미하는 말로 미셸 푸코가 『지식의 고고학』에서 처음 사용 — 옮긴이)'라 고 불렸던 형이상학적인 구조는 보통의 이론들보다 강력하며 좀 처럼 무너뜨리기 어려운 것이다. 자연을 신이 쓴 책이라고 여겼 던 뉴턴의 사상, 자연 선택의 위대함에 대한 다윈의 통찰, 그리고 변증법적인 종합에 대한 프리드리히 엥겔스(Friedrich Engels)의 기 술은 아마도 '과학의 테마타'의 가장 친근한 사례들일 것이다. 이 러한 형이상학적 주제들은 과학자들이 자신들이 일생을 건 작업 에 대해 어떻게 생각하는가에 영향을 미치면서 그들의 이론적 방 향을 설정해 왔다. 나는 생물학에서 이러한 테마타적 전환이 일어나기 시작했다는 인상을 받고 있다.

나의 판단이 정확하다면, 그러한 전환으로 인해 결국 생물학은 자신의 존재 이유에 대한 원래의 건강한 관점으로 되돌아가게 될 것이다. 1950년대까지 생물학자들은 생물의 분류군에 초점을 맞추어 연구했다. 분자 생물학, 세포 생물학, 조직 생물학, 생태계 생물학에서 중요시되는 생명 조직의 수준들보다 곤충, 균류, 현화식물 같은 분류군들을 더 중요하게 생각했다. 그러나 1950년대를 거치면서 엄청난 이익을 가져다줄 전환이 일어났고 이는 분자 생물학과 세포 생물학의 탄생으로 이어졌다. 그러한 배경에는 생물 조직의 단계들에 대한 집중적인 분석을 통해 생물학 법칙이나 원리들을 밝혀낼 수 있으며, 특별한 종류의 생물을 전문적으로 연구하는 것은 더 이상 중요하지 않다는 믿음이 깔려 있었다.

하지만 지금 그 세계관은 좀 더 조화로운 생명 과학의 인식을 강조하는 또 다른 세계관에 자리를 내주고 있다. 가까운 미래에도 몇몇 생물학자들은 여전히 오직 생명 조직의 차원이라는 관점에서만 생각하며 일반화의 범위를 넓혀 나가려 하겠지만, 대다수의 생물학자들이 생물 조직의 모든 단계들을 넘나들며 다시 한번 특정 생물 집단을 연구하는 데 전념할 것이다. 이러한 전환을 추진하는 힘은 각각의 생물 집단들이 그 자체로 근본적이고 불변하는 완성된 가치를 지녔다는 개념에서 나온다. 결국 생물학의 초점은 생명 조직을 연구하는 것에서 모든 생물 조직의 단계에 걸쳐 생물의 분류 집단을 연구하는 것으로 원칙적인 방향이 바뀔 것이다. 이러한 전환은 수평적 방향에서 수직적 방향으로 이동하는 사선에 비유될 수 있다. 말하자면 90도를 회전하는 것이 아니라 45도를 움직이는 것이다.

그 결과는 생물학이 다원화되고 전문적인 자연학자들이 생물학 연구에서 지도적인 위치를 회복하는 것으로 나타날 것이다. 여기서 나는 특정한 생물 집단을 위한 연구들이 성장하고 존중받게 될 것이라는 의미로 다원화라는 용어를 사용했다. 달리 표현하면 파충류학과 선충류학 같은 분류군 중심의 학문들이 세포 생물학이나 생태학 같은 생명의 조직 수준에서 이루어지는 학문에게 빼앗겼던 영토를 회복할 것이라는 말이다. 분자 생물학이나 세포 생물학에 매우 자유롭게 적용되어 왔던 '근본적인'이라는 단어는 한두 개의 생물 조직 수준에 관한 폭넓은 일반화 과정뿐만 아니라 개개의 분류군에 관한 중요한 발견에도 적용될 것이다. 심지어 그 정보들이 다른 분류군에 쉽게 적용될 수 없는 경우에도 마찬가지일 것이다.

이러한 변화는 퇴보가 아니며, 단순히 자연사를 기록하는 데 그쳤던 옛날의 생물학으로 돌아가는 것도 아니다. 진화학자들은 분자 생물학의 기술들을 배우고, 분자 생물학자들은 자신들이 연구하는 생물들의 진화에 관심을 가지게 될 것이다. 이에 따라 새로운 자연학자들의 기술 범위는 분자의 차원에서 개체군의 차원까지 넓어질 것이다. 점점 더 많은 생물학자들이 특정한 생물 집단에 대한 연구에 전념할 것이고 결국 그들은 공통의 언어와 방법론을 찾는 데 집중하게 될 것이다. 서로 협력하는 파충류학자와 선충류학자, 그리고 분자 생물학자 들은 이미 새로운 공통의 언어로 효과적인 대화를 나누기 시작했다.

다원화는 왜 일어나는가?

정밀하면서 동시에 광범위하게 적용할 수 있는 소수의 보편적인 원리들이 생물학에 존재하리라는 인식이 이 같은 지적 재구성을 예언하게 하는 하나의 경향이다. 분자 생물학, 세포 생물학, 그 밖에 생명 조직 차원에 천착하는 학문들은 물리학에 공동의 기반을 두고 있으며, 보통 특정한 종이나 매우 제한된 종의 집단에만 관련되어 있다. 기초적인 발견이라 할 수 있는 세 가지 교과서적인 예들을 생각해 보자. 중성백혈구의 엔도시토시스(세포 자체가 물질을 도입하는 과정 — 옮긴이), 유충 호르몬이 완전 변태 곤충들에게 미치는 영향, 설치류에게서 나타나는 밀도 의존적 개체군 조절 등이 그것인데, 이런 연구 결과들 중 그것이 발견된 분류 집단을 넘어 적용되는 것은 아무것도 없다. 그러한 발견들은 좀 더 넓은 생물 집단들 속에서 동등하거나 유사한 현상들을 찾아 나서도록 자극한다는 데 의미가 있다. 그것들은 좀 더 넓은 보편성의 영역에서 추상화된 범주의 표본을 찾기 위한 현상으로서 인용된다.

생물학의 성배라고 할 수 있는 새로운 보편적 원리들은 점점 더 찾기 어려워지고 있다. 예를 들어 밀도 의존성은 어떤 종에는

우리는 지금도 야생을 산다

있지만 다른 종에는 존재하지 않는다. 설령 밀도 의존성이 있는 경우라고 해도 그 특정한 종들의 생활사와 그들이 사는 생태계에 대한 지식이 있어야만 그것을 알 수 있다. 면역화학, 화학적 감응, 혈연 선택 등도 마찬가지다. 사실적인 지식들은 10~20년 정도가 지날 때마다 기하급수적으로 증가하고 있는 반면 한 연구자가 밝혀내는 폭넓게 적용할 수 있는 원리들은 급격하게 감소하고 있다. 내가 보기에 이러한 현상은 지금의 생물학이 지니고 있는 두드러진 특징이며 이러한 경향의 주된 원인은 생물학 현상들의 역사성에 있다. 생물학 역사에서는 특별한 사실들이 밝혀지고 그 사실들에 대한 이해가 깊어질수록 그만큼 보편성은 무너진다.

생명 조직의 단계를 중심으로 하는 연구들이 혁명을 일으키는 동안 지식의 진보는 급격하게 이루어졌다. 그러나 연구 범위가 생명체의 한두 개의 인접한 단계로 제한되면서 그러한 진보에는 이미 소멸의 씨앗이 뿌려졌다. 새로운 방법들은 발명되자마자 모듈화되면서, 능률적이고 부분적으로나마 자동적인 구조로 변하며, 모든 경우에 적용될 수 있는 형태로 만들어진다. 전자 현미경 사용법, 아미노산 서열 분석법, 다중 변량 분석 같은 기술들은 한때 매우 어려운 기술에 속하는 것이었지만 상업적으로 이용할 수 있는 방법들로 변화되면서 사용 설명서가 따라붙었다. 학문들 간의 협력은 자연스러운 결과라고 할 수 있다. 지금 계통 분류학자들이 단백질들을 비교하는 것은 일상적인 일이며, 분자 생물학자들 역시 계통 발생의 계보를 작성하고 있다.

계통 분류학의 시대

동시에 생물학자들은 각각의 종들이 지니고 있는 근연관계 생물들의 묶음이나 개체군 수준의 상호 호환 가능한 단위 이상의 유일무이한 가치들을 새롭게 강조하고 있다. 당신이 잎벌레과에 속하는 딱정벌레 한 종을 보았다고 해서 잎벌레과 전체를 본 것은 결코 아니다. 사실 당신이 아는 것은 잎벌레과에 대한 아주 작은 지식일 뿐이다. 각각의 종들은 그 유전자 속에 100만 년에서 1000만 년에 이르는 세월 동안 생물 분류군에 따라 형성된 100만에서 10억 단위에 이르는 정보들을 포함하고 있다. 돌연변이, 유전자 재조합, 자연 선택 등 한 생물의 평균 생존 기간 동안 발생하는 헤아릴 수 없이 많은 사건들이 그 속에 담겨 있다. 그리고 각각의 종들을 더 잘 이해할수록 그 종에 대해 수행된 연구는 그만큼 더 존중받게 된다.

생명을 전체적으로 이해하기 위해서는 이러한 특수성을 알아야만 한다. 그렇다면 이러한 특수성이 의미하는 것은 무엇인가? 동물, 식물, 미생물을 통틀어 살아 있는 전체 생물종의 수를 아는 사람은 아무도 없다. 하지만 최소한 500만은 될 것이고 1억이 될 수도 있을 것이다. 그 수가 얼마건 간에 그것은 지질학적 역사 속에 단 한 번이라도 존재했던 모든 종의 1퍼센트도 채 되지 않을 것이라고 생각된다. 우리는 지구에 나타났다 사라지는 생명에 대한 표면적인 탐색을 시작했을 뿐이다.

생물학이 이러한 파노라마를 수용할 만한 수준에 이르기 위해서는 순수한 역사 그 자체가 좀 더 중요하게 취급되어야 한다.

우리는 지금도 야생을 산다

생물학적 현상들의 대부분은 계통 발생 계보상 아주 작은 영역에서 발생한다. 따라서 그것들의 원형적인 패턴들은 독자적인 의의를 갖는다. 계통 발생(분화 패턴들)과 진화 단계들(달성된 적응 수준)은 그 원인으로 작용하는 생명 조직의 규칙들과 마찬가지로 생물학의 핵심이다. 이러한 규칙들은 지금까지 생물학이 하나의 통합된 학문으로 존재하는 데 미미한 역할을 했을 뿐이다.

다양성이 보다 많이 탐구될수록 진정한 통합 원리들도 더욱 빨리 발견될 것으로 보인다. 생물학의 법칙들은 다양성의 언어로 쓰인다. 연구자들은 종종 반쯤 농담으로 덴마크의 생리학자인 아우구스트 크로우(August Krogh)의 말을 인용할 때가 있다. "모든 생물학적 문제에는 그것을 해결하기 위한 적합한 이상적인 생물이 존재한다." '역(逆) 크로우의 법칙'이라고 부를 만한 것이 똑같은 힘으로 작용한다. "모든 생물은 하나의 문제를 해결하는 데는 이상적일 수 있지만 또 다른 문제들을 해결하는 데는 쓸모가 없다." 결장균은 유전자 지도를 제작하는 데는 훌륭한 해결책이 될 수 있지만 감수 분열을 연구하는 데는 그렇지 못하다. 랑구르 원숭이와 사자는 영아 살해를 이해하는 데 중요한 단서를 제공하지만 그것들을 유전자 지도를 분석하기 위한 대상으로 고른다면 그것은 형편없는 선택이 될 것이다. 모든 생물들은 인식론의 태양 아래 제가끔 자기 자리를 갖고 있다.

한마디로 말하면 다양성에 대한 탐색이 기초 생물학 연구의 미래를 좌우할 것이다. 발견에 이르는 가장 확실한 길은 새로운 종류의 계통 분류학일 것이다. 모든 생물학적 체계의 앞뒤를 넘나드는 연구에 의해 계통 분류학의 특정한 생물 집단에 대한 깊이 있는 지식들이 창출될 것이다. 선충류나 규조식물 또는 종려나무에 대한 세계적인 권위자가 됨으로써 새로운 지위와 새로운 전문지식, 그리고 의무들을 수반하게 되는 것이다.

신경 생물학의 경우

신경 생물학과 행동학은 대부분의 생물학적 연구들이 이동하고 있는 방향을 보여 준다. 유전자로부터 행동에 이르는 복잡한 경로상에 있는 둘 혹은 그 이상의 인접한 생물 조직의 구조를 규명하는 데 있어서 가장 생산적인 전략은 전형적인 종들을 선별하고 그에 대해 세부적인 분석 작업을 진행하는 것이다. 지난 30년 동안 이러한 핵심적인 몇몇 종들이 눈에 띄게 드러났다. 그 종들은 매우 단순한 것에서부터 복잡한 것(인간도 여기에 포함된다.)에 이르기까지 다양한데, 각각의 종들은 제가끔 특정한 현상을 연구하는 데 이용되며 비교적 쉽거나 유일한 접근 방법을 제공한다. 이렇게 볼 때 신경 생물학자들은 크로우의 법칙과 역 크로우의 법칙이 지니는 효능을 모두 보여 준 셈이다.

대장균(*Escherichia coli*)의 움직임을 조절하는 메커니즘을 규명하는 것은 가장 기초적인 단계에 속한다. 대장균 개체들은 배의 스크루처럼 편모를 회전시키면서 이동한다. 개체는 이동 경로를 바꾸기 위해서 편모의 회정 방향을 변화시키는데, 이 때문에 개체가 뒹굴면서 임의적으로 새로운 방향을 향하게 된다. 대장균은 이러한 계속적인 시행착오를 통해 독성 물질로부터 멀어지고 영양소 쪽으로 가까이 다가갈 수 있다. 물론 부분적인 이유이기는 하지만, 생물학자들은 이 시스템의 단순성 덕분에 화학적 자극을 인식하는 단백질과 자극을 처리하는 핵심 단백질을 분류하는 데 있어서 괄목할 만한 발전을 이룰 수 있었다. 대장균의 행동 시스템이 지니고 있는 단순성은 극단적이라고 할 만하다. 이러한 극단적인 단순성 덕분에 생물학자들은 유전자의 수준까지 내려가서 행동을 규정할 수 있었다. 그러나 좀 더 복잡한 생물들이 보여 주는 행동 패턴은 이들과는 전혀 달라서 그것들 사이에는 겹치는 부분이 아주 작다.

생물학자들은 초파리(*Drosophila*), 특히 노랑초파리(*Drosophila melanogaster*) 같은 더욱 복잡한 생물들에 대한 유전적 분석에서도 급속한 발전을 보여 주고 있다. 그 이유는 이 곤충들이 비교적 유전자를 조작하기 쉬운 대상이기 때문이다. 연구자들은 수컷과 암컷의 세포들이 뒤섞인 모자이크 개체를 만들어 낼 수도 있다. 이 자웅 모자이크는 특정한 형태의 생식 행동을 매개하는 감각 조직 및 신경 조직들을 밝혀내는 데 이용된다. 연구자들은 초파리를 구성하는 다양한 생체 조직들의 성별과 행동의 관계를 찾아낼 수 있게 되었다. 그리고 신경계를 따라 이동하는 감각 정보와 원심성(遠心性) 신경의 명령을 처리하는 데 필요한 유전자들을 찾아

넬 수 있게 되었다. 다른 연구들에서는 짝짓기와 위치 지각 능력을 조절하는 유전자들이 발견되었다. 또한 행동의 표현형으로 이어지는 분자적 경로들 중 일부가 밝혀지기도 했다.

한편 정교하게 고안된 신경 생리학적 측정 장치를 이용하여 캘리포니아 바다달팽이(*Aplysia californica*)의 뉴런이 전기 신호를 방출하는 패턴과 그 역할을 자세히 규명하기도 했다. 기본적인 학습 형태에 대한 세포 수준의 기초들과 분자 수준의 메커니즘은 이러한 접근 방식에 그 자리를 양보하게 되었다. 그것은 바다달팽이의 신경계가 단순한 해부학적 구조를 지니고 있어서 접근하기가 비교적 쉽다는 이점을 이용한 것이었다.

사회성 곤충들은 훨씬 더 높은 생물 조직의 수준에서 유익한 패러다임을 제공한다. 개미, 꿀벌, 말벌, 흰개미의 대부분의 행동은 동료들의 반응의 총체적인 패턴에 부합될 때만 의미를 갖는다. 이에 대한 가장 웅장한 예는 아프리카 군대개미인 도릴루스속(*Dorylus*)이다. 이들의 군체는 단 한 마리의 여왕과 2000만 마리나 되는 일개미들로 구성된다. 이 곤충의 제국은 여왕이 만들어내는 강력한 유인 물질과 난소 억제 페로몬에 의해 통합되고 유지된다. 일개미들은 화학적인 정보 교환을 통해 동료들을 다양한 작업에 불러들인다. 이러한 정보 교환 과정은 수많은 절차들로 이루어져 있다. 그들은 화학 물질과 촉각 신호를 다양하게 조합하여 동료들을 먹이가 발견된 곳, 새로운 영토, 새로운 집터로 이끈다. 각각의 개미들이 취할 수 있는 행동은 50가지가 넘지 않

우리는 지금도 야생을 산다

는다. 그럼에도 불구하고, 계급 제도와 노동의 분화는 군체 차원에서 복합적이고 효율적인 레퍼토리를 만들어 낸다. 장님개미의 군체들을 비롯한 곤충 사회는 진정한 초유기체로 간주될 수 있다. 생물학적 조직들이 지니고 있는 좀 더 일반적인 특징이 결국 무엇인가를 증명하기 위해 이들 사회성 곤충들을 박테리아나 초파리처럼 분리하고, 분석하고, 재조합하는 일도 가능하며 어쩌면 훨씬 더 다루기가 쉬울 수도 있다.

신경 생물학과 행동 생물학은 모든 생물 조직의 단계들을 넘나드는 비교 분석 방법을 기술적으로 이용하면서 계속 진보하게 될 것이다. 다시 한 번 강조하지만 새로운 접근 방식의 주요 테마는 다원주의다. 생물 조직의 단계들을 규명하는 데 적합한 특정한 종들이 선택되며, 그것들은 가장 쉬운 접근 방식을 제공한다. 실험실 연구와 야외 조사를 통해 얻은 전체적인 데이터 베이스는 각각의 생물종들의 특징이 그들의 진화 역사 속에서 해석되고, 전체 생태계 안에서 그 위치가 규명될 때 조화로운 것이 될 수 있다. 영구적인 생물학 법칙은 이러한 지식들이 충분히 축적될 때 나타날 것이다. 얼마나 많은 양의 지식들이 필요할지는 단지 짐작만 할 수 있을 뿐이다.

계통 분류학의 청지기 정신

특정한 생물 집단에 관한 전문 지식을 가지고 기회에 맞게 자유롭게 연구 주제를 선택하는 것이 생물학의 미래 추세가 될 것이다. 개별 연구자들은 현대 생물학을 구성하는 하나의 종합을 이루기 위해, 점점 정밀해지는 하나의 모자이크를 만들 듯 서로 다른 생명체들로부터 이끌어 낸 가장 선명한 형상들을 연결하며 점점 더 쉽게 분자와 개체군 수준을 넘나들게 될 것이다. 과학의 진보 또한 마찬가지로, 세계의 생물상을 포괄적으로 이해하는 것을 궁극적인 목표로 하여 더 많은 생물종을 포괄하는 전문 지식의 확산에 의존하게 될 것이다. 이런 열정을 가지고 다원화를 강력하게 이루어 내는 데에는 생물학이 가야 할 중요한 방향으로서 계통 분류학의 르네상스가 요구된다.

다원화는 계통 분류학자(systematist)들에게 주어진 특별한 의무다. 계통 분류학자는 하나의 생물 집단에 대한 전문가로서 기본적으로 분류를 포함한 생물 다양성에 관심을 갖지만 그 집단의 다른 생물학적 관점들도 자유롭게 섭렵한다. 하지만 분류학자(taxonmist)는 너무 여러 종을 다루기 때문에 그들을 분류만 하기도 바쁘다.

중요한 표본들을 보관하는 박물관과 연구소의 연구진은 계통 분류학이 시도해야 하는 좀 더 폭넓은 모험은 고사하고 단순한 분류학을 하기에도 일손이 모자란다. 몇몇 포유류나 조류와 같은 극도로 예외적인 분류군을 제외하고는 새롭게 발견된 종들을 분류하는 데 몇 달, 길게는 몇 년이 걸리는 경우가 비일비재하다. 많은 생물 집단에 대한 전문가가 전혀 없는 형편이며, 분류학자

우리는 지금도 야생을 산다

들과 넓은 의미의 계통 분류학자들은 기대에 부응할 수 없는 실정이다. 생물 다양성에 대한 연구가 발전하고 있고, (특히 열대 지역에서) 실제적인 필요가 급격히 증가하고 있기 때문에 이러한 결손은 몇 년 내로 매우 심각해질 것이다.

계통 분류학자들은 지금, 전혀 쓸모 없는 일이라고 비판 받을 수 있는 생물 계통의 재구성 방법에 대한 신랄한 논쟁을 벌이고 있다. 유전 암호를 직접 해독하는 것에 의해 더욱 확대되고 때로는 이를 대체하기도 하겠지만 나는 지금의 방법론적 논쟁기를 신선하게 보고 있고 오히려 생산적이라고 생각한다. 그들의 논쟁은 생물종이 형성되고 갈라져 나온 것과 종 사이의 유사성의 정도를 추론할 수 있는 탁월한 기술들을 만들어 냈다. 더욱 중요한 것은 그러한 기술들이 결과의 반복 측정과 독립된 실험에 의해 하나의 표준화를 이루면서 분류학 연구에 더욱 놀라운 발전을 가져왔다는 것이다. 그러나 대부분의 이러한 활동은 결국 방법론에 불과하다. 계통 분류학이 목표를 향해서 매진해야 할 시기가 온 것이다. 그렇지 않으면 이 모든 연구가 무슨 소용이 있겠는가?

생물학자들은 도대체 왜 연구를 할까? 물론 무언가를 발견하기 위해서다. 앨프리드 노스 화이트헤드(Alfred North Whitehead)는 "과학자는 알기 위해 발견하는 것이 아니라 발견하기 위해 안다."라고 말했다. 생물학에서는 발견을 특별히 중요시한다. 계통 유전학적 계보의 고유성은 역사를 아주 중요한 것으로 만들고, 역사는 또한 장소와 생명에 신성한 의미를 부여한다. 일반적이고 추상적인 것이 아니라 하나의 생명체를 특정한 서식지에서 일정 기간 동안 관찰한다. 그래서 생물학은 인간 정신의 위대하고 광대한 두 가지 욕구인 탐구와 지적 풍요를 만족시킨다. 다원화를 지배하는 개념은 어떤 경우에도 생물학이 결코 인간의 이 두 위대한 욕구를 고갈시키지 않을 것이라고 확신하다.

방법론만을 연구하는 사람들이 아닌 특정한 생물 집단에 대한 전문가인 계통 분류학자들은 다른 과학 분야와의 관계에서 침묵하지 말아야 한다. "분류학자들은 연구비를 받으면 어디론가 사라져 그 분류군에 대한 논문 한 편 쓰면 끝이다."라고 말하는 다른 분야의 생물학자들을 너무 자주 보았다. 그리고 그들은 "분류학자들은 그들만이 답할 수 있는 과학의 핵심 문제들을 제시하지 않았다."라고 덧붙인다.

진정으로 계통 분류학이 분자 생물학 시대 이전의 낡아 빠진 잔재라면, 우리는 그것이 노쇠해서 긴 잠에 빠져드는 것을 방해할 필요가 없다. 그러나 사실은 전혀 그 반대다. 과거의 영광은 되살아날 것이고, 계통 분류학은 넓은 의미에서 생물학의 미래에 대한 열쇠를 쥐고 있다.

책임 있는 학자는 주어진 생물 분류군의 청지기로서 과학에 공헌한다. 어떤 생명체가 어디에 서식하는지, 위기에 직면한 생명체는 무엇인지, 밝혀야 할 새로운 문제를 가진 생명체는 어떤 것인지, 그리고 인류에게 가장 많은 혜택을 줄 수 있는 생물은 무엇인지 등을 그들은 가장 잘 알고 있다. 계통 분류학자들에게 최

　　　　　　　　우리는 지금도 야생을 산다

상의 전략은 다른 생물학자들에게 공동 연구를 청하며 가능한 한 많은 청중에게 이것들을 설명하는 것이다. 계통 분류학자 외에 어느 누구도 길고도 매혹적인 생물들의 명부에 실려 있는 알시오나신 산호, 사이트리드균, 앤드리비드 딱정벌레, 스크리로지비드 기생벌, 멜로스톰 나무, 리시누에리드 거미, 퉁소상어 등 많은 생명체들이 가진 고유하고 특별한 가치를 세상에 알릴 수 없다.

생물 다양성의
가치

만일 '생명 애착'이 존재하고 내가 그것을 믿는다면, 그것은 생명이 있는 것들에 대한 인간의 내재적 감정의 결연이다. 그 본질로 생각되는 산발적인 증거들로부터 얻은 생각이지만, 생명 애착은 단일 본능이 아니라 분리될 수 있고 개별적으로 분석될 수 있는 학습 규칙의 복합체이다. 생명 애착의 학습 규칙에 의해 형상화된 느낌들은 몇 가지 감정 스펙트럼 위에 위치한다. 친화와 혐오, 두려움과 무관심, 평온과 공포로부터 유발된 불안, 이런 여러 갈래의 감정적 반응들은 한데 묶여 문화의 중요한 부분을 구성하는 상징들을 만든다. 인간이 자연 환경으로부터 분리된다 해도 그 학습 법칙들은 기술 혁신에 의한 오늘날의 생명의 특징에 잘 들어맞는 현대판 생명 애착에 의해 대치되지 않는다. 대신에

생물 다양성의 가치

그 생명 애착적 학습 법칙들은 인공적인 새로운 환경에서 위축되고 변형되어 발현되며 세대를 거쳐서 지속될 것이다. 각종 스포츠 경기를 관람하는 사람들을 모두 합친 것보다 동물원을 방문하는 아이들과 어른들이 더 많은 문화, 부자가 되면 전망 좋은 곳에 대저택을 짓고 야외 풀장이나 연못이 있는 정원을 가꾸고 싶어 하는 문화, 알 수 없는 이유로 끊임없이 뱀이 나오는 꿈을 꾸는 도시 거주자들이 살아가는 문화, 이러한 문화는 결코 우연은 아니다.

생명 애착에 관한 증거는 없지만 그 존재에 다한 가설은 진화적 논리에 의해 계속 주장될 것이다. 왜냐하면 인류의 역사가 농업이 시작되고 마을이 형성되던 불과 8000년 또는 1만 년 전에 시작된 것이 아니기 때문이다. 인류의 역사는 사람속이 기원한 수십만 또는 수백만 년 전에 시작되었다. 인류 역사의 99퍼센트 이상의 기간 동안 사람들은 다른 생명체들과 밀접한 관계를 가지면서 수렵과 채집으로 생활해 왔다. 이 까마득한 역사의 기간 동안 혹은 그보다 더 오래된 원시 인류의 시대까지 거슬러 올라간 기간 동안 인간은 자연사의 혹독함에 대해 정확하게 배워 얻은 지식에 의존해서 살았다. 이런 사실은 오늘날 원시 도구들을 사용하고, 식물과 동물에 관해 체험적으로 지식을 습득하는 침팬지들에게서도 확인할 수 있다. 언어와 문화가 번성하면서 인간은 갖가지 살아 있는 생명체들을 상징적 표현과 신화의 중요한 요소로 이용해 왔다. 요컨대, 인간의 두뇌는 기계가 지배하는 세계가

　　　　　　　　　　　　우리는 지금도 야생을 산다

아니라 생명이 중심인 세계에서 진화해 온 것이다. 이 때문에 그 옛날 인류와 관련되었던 모든 학습 법칙들이 수천 년 사이에, 심지어 완전히 도시화된 환경에서 한 세대 또는 두 세대 이상 살아 온 극소수의 인간들에게서 씻은 듯이 잊힌다는 것은 상당히 신기한 일이다.

생명 애착이 비록 독자적으로 존재하는 약한 학습 법칙이라고 하더라도, 인간 생물학에서 그 의미는 매우 심오하다. 그것은 자연과 풍경, 예술, 신화 형성에 관한 우리의 사고와 관련되어 있고, 우리에게 환경 윤리에 대해 새로운 시각을 가질 것을 요구한다.

어떻게 생명 애착이 진화되어 왔을까? 가장 그럴듯한 대답은 문화가 학습의 유전적 특성의 영향을 받아 정교해지고, 그 특성을 명령하는 유전자가 문화적 맥락에서 자연 선택에 의해 퍼져 온 과정인 생물 문화적 진화라는 것이다. 그 학습 법칙은 감각 역치의 조절에 의해, 학습의 저지와 활성화에 의해, 감각적 반응의 변형에 의해 개시될 수 있고 다양하게 세분화될 수 있다. 럼스던과 나는 유전자와 문화의 공진화의 특별한 한 종류로서 시간의 흐름 속에서 나선형 궤도를 밟아 왔을 생물 문화적 진화에 대해 연구해 왔다. 어떤 특별한 유전자형이 특정한 행동 반응을 더 많이 만들어 내고, 그 반응은 생존과 생식적 적응을 강화시키며, 결과적으로 그 유전자형이 개체군 내에 널리 퍼지게 되어 그 행동 반응은 더 빈번하게 증가한다. 그뿐 아니라 감정을 무수한 꿈과 이야기로 전환시키는 인간의 보편적 성향이 있고, 예술과 종교적

생물 다양성의 가치

믿음의 역사적 흐름을 적절하게 끊는 데 필요한 조건들도 있다.

유전자와 문화의 공진화는 생명 애착의 기원에 대한 하나의 그럴듯한 설명이다. 이 가설은 인간과 뱀의 관계에 의해 명시될 수 있다. 예술사학자이면서 생물학자인 문드쿠르에 의해 확인된 기본 자료들을 근간으로 내가 구상해 온 사건의 순서는 다음과 같다.

» 독사는 전 세계적으로 영장류와 다른 포유류에게 고통과 죽음을 가져다준다.

» 구대륙원숭이와 유인원은 일반적으로 뱀에 대한 호기심과 함께 동반되는 강하고 본능적인 두려움을 특이한 음성 신호와 결합시킨다. 몇몇 종에서 특화되어 있는 음성 신호는 뱀이 가까이 있음을 동료들에게 알려 침입자가 떠날 때까지 경계하게 한다.

» 인간도 일반적으로 뱀을 혐오한다. 뱀은 매우 극미한 부정적 강화로도 두려움이나 숨을 헐떡일 정도의 공포를 빠르게 불러일으킨다. (자연 환경에서 공포증을 일으키는 또 다른 요인들에는 개, 거미, 밀폐된 공간, 흐르는 물, 높은 장소 등이 있다. 거의 없지만, 현대의 인공적인 요소가 이처럼 작용한다면 총이나 칼, 자동차, 전선과 같은 가장 위험한 것들이 거기에 속할 것이다.)

» 구대륙원숭이처럼 인류 또한 뱀에 매료되어 있다. 사람들은 동물원에서 사육하는 뱀을 보기 위해 입장료를 지불한다. 또 상징적 표현을 위해 뱀을 자주 이용하기도 하고, 그들을 끌어들여 이야

우리는 지금도 야생을 산다

기나 신화, 종교적 우상을 만들기도 한다. 한 걸음 더 나아가 세계 도처의 문화에서 상상으로 만들어 낸 뱀의 우상은 보통 양면적인 가치를 지닌다. 흔히 반만 인간의 모습을 하고 있는 그 우상들은 복수심에 불타는 죽음을 가져다주는 동시에 지식과 힘을 부여한다.

   » 문화에 상관없이 전 세계 사람들은 다른 어떤 동물보다 뱀에 대한 꿈을 많이 꾼다. 뱀은 공포와 신비의 힘이 뒤범벅되어 마치 마법을 거는 듯하다. 샤먼과 종교적 예언자들은 이러한 이미지를 기록할 때, 신비와 상징적 권위를 가진 뱀들을 창조한다. 당연한 결과겠지만, 뱀은 대부분의 문화에서 신화와 종교의 중요한 요소이다.

   생명 애착 가설 안에서 아주 단순화된 형태로 뱀에 대해 설명하자면, 진화의 과정에서 인간은 뱀의 해로움에 지속적으로 노출되었고, 그 반복된 경험들은 자연 선택에 의해 유전되는 혐오와 매료의 감정들로 기록되었으며, 결국 문화의 진화 속에서 꿈과 이야기로 드러났다. 같은 방법으로 그러나 다른 선택압에 의해, 그리고 다른 유전자의 집합과 신경 회로가 관여하여 다소 독립적인 기원을 갖는 다른 종류의 생명 애착 반응을 예상할 수도 있을 것이다.

   이런 서술만 가지고도 하나의 실용적인 가설로서 충분하지만, 어떻게 그러한 요인들이 구별될 수 있고, 어떻게 그 보편적인 생명 애착 가설이 검증될 수 있는지에 관한 질문은 반드시 해야 한다. 재러드 다이아몬드(Jared Diamond)가 제시한 한 가지 분석 방법은 인간의 전체적인 반응 패턴에서 공통분모를 찾을 수 있도록 고안된 연구를 통해, 서로 다른 문화를 가진 사람들의 지식과 태도에 대한 상관관계를 분석하는 것이다.

로버트 울리히(Robert Ulrich)와 다른 심리학자들이 개발한 또 하나의 방법은 매력적이면서 동시에 혐오스러운 자연 현상에 대한 인간의 심리적 반응을 정확하게 반복해서 측정하는 것이다. 특정 생물학적 경향에 일치하든 그렇지 않든 간에 이런 식섭석인 심리학적 접근은 다음 두 가지 요소가 합쳐졌을 때 더욱 설득력을 가질 수 있다. 첫 번째 요소는 심리 테스트에 사용된 반응의 강도에 의한 유전성 수치이다. 두 번째 요소는 반응을 일으키는 핵심 자극과 가장 민감하게 반응하는 나이와 학습 특징을 보여주는 아이들의 인지 발달을 추적하는 곳이다. 예를 들면 하나의 길게 늘어진 형태가 주르르 미끄러지는 움직임은 뱀에 대한 혐오를 일으키는 핵심 자극인 것 같고, 청년기 이전이 뱀에 대한 혐오를 가장 예민하게 드러내는 시기일 수 있다.

자연 환경과 인간 본성의 관계는 사회적 행동 그 자체만큼이나 오랜 역사의 한 부분인데, 인지 심리학자들은 그 정신적 중요성을 고려하는 데 이상하리만큼 뜸을 들여 왔다. 자연 환경이 사라지고 있는 시급한 상황만 아니라면 우리의 이러한 무지는 과학의 지도 위에 남아 있는 무수한 공백 중 하나일 뿐이며, 이는 오히려 천재성과 독창성을 일깨울 수 있는 기회라고 여길 수도 있다. 그러나 이러한 상황에서 심리학자들을 비롯한 학자들은 생명

우리는 지금도 야생을 산다

애착을 더 시급한 문제로 다루어야 할 의무가 있다. 그들은 인간의 진화적 경험을 결정해 온 이 부분이 사라져 버릴 때, 인간 정신에 무슨 일이 일어날 것인지를 물어야 한다.

지금 진행되고 있는 환경 파괴 가운데 가장 해로운 부분이 생물 다양성의 감소에 있다는 것에 대해서는 의심의 여지가 없다. 대립 유전자들(상이한 유전적 형태들)로부터 종에 이르기까지 생명체의 다양성은 한 번 없어지면 다시 회복될 수 없기 때문이다. 야생 생태계의 다양성이 유지되는 한 생물권은 회복될 수 있고, 다가올 세대들은 말 그대로 헤아릴 수 없는 혜택을 누리게 될 것이다. 반면에 생물 다양성이 감소하는 양만큼 다가올 모든 세대의 인류는 그만큼 더 빈곤해질 것이다. 얼마나 빈곤해질까? 다음의 추산에서 대략의 아이디어를 얻을 수 있을 것이다.

» 첫째, 생물 다양성의 양에 대한 문제를 고려해 보자. 지구상에 있는 생명체의 종수는 그 근사치도 알려져 있지 않다. 지금까지 명명된 생물종은 약 150만 종이지만 실제 수는 1000만과 1억 사이에 있는 것 같다. 6만 9000종이 알려져 있는 균류는 가장 알려지지 않은 집단에 속하지만, 사실상 160만 종이 존재한다고 생각한다. 또한 열대 우림 지역에는 거의 조사조차 되지 않은 적어도 수백만에서 수천만에 이르는 절지동물들이 존재하고, 깊은 바다의 드넓은 바닥에는 수백만 종의 무척추동물들이 있을 것으로 추정된다. 계통 분류학의 블랙홀은 아마 박테리아일 것이다. 공식적으로 대략 4000

종가량이 기록되어 있기는 하지만, 노르웨이에서 최근 행한 연구에 따르면 산림의 토양 1그램당 평균 10조 종류의 개체들이 발견되며 그중에는 과학적으로 새로운 박테리아 4000~5000종이 존재한다. 또한 바다 주변의 침전물에서는 산림의 토양에서 발견된 것과 다른 종류의 신종 박테리아가 평균 1그램당 4000~5000종 발견된다고 한다.

» 해양 무척추동물의 화석 기록과 아프리카 유제류, 현화식물을 대상으로 행한 연구는 자연 조건에서 한 계통분기(한 종과 그의 자손들)가 평균 50만 년에서 1000만 년 동안 지속된다고 말하고 있다. 이 수명은 한 자매종에서 분리되어 나온 조상으로부터 그 마지막 후손의 절멸까지의 시간을 측정한 것이다. 이 기간은 생물 집단에 따라 다양하다. 예를 들면 포유류들은 무척추동물들보다 더 짧은 기간 동안 지속된다.

» 박테리아는 그들의 유전자 코드에 100만 단위의 뉴클레오티드 쌍을 간직하고 있고, 조류(algae)에서 현화식물, 포유류에 이르는 더 복잡한 생명체들(진핵생물)은 1조에서 10조의 뉴클레오티드 쌍을 가지고 있다.

» 유구한 시간과 유전적 복잡성 덕분에 종들은 그들이 속해 있는 생태계에 아주 절묘하게 적응하여 살고 있다.

» 지구의 생물 종수는 인류가 출현하기 이전에 비해 100배에서 1000배나 빠른 비율로 감소하고 있다. 현재 열대 우림의 생물종 멸종률은 매해 1퍼센트 이상이고, 그것은 (가장 보수적인 변수를 사용한다면) 대략 0.3퍼센트에 해당하는 생물종이 출현 즉시 절멸하거나 적

우리는 지금도 야생을 산다

어도 그들이 살 수 있을 만한 기간보다 훨씬 짧은 기간에 사라져 버린다는 것을 의미한다. 세계적 규모로 연구를 하는 대부분의 분류학자들은 지구상 생물종의 절반 이상이 열대 우림 지역에 살고 있다고 믿는다. 만약 신중하게 추산해서 이 서식지에 1000만 종이 있다고 하면, 그 멸종률에 따라 1년에 3만 종, 하루에 74종, 한 시간에 3종이 사라지는 것이다. 끔찍하지만 사실 이 비율은 그 지역과 종의 관계만 따진 최소치 추산이다. 이것은 오염, 벌목에 의한 교란, 외래종의 유입 등으로 인해 일어난 멸종은 고려하지 않은 수치다.

산호초, 하천, 호수, 지중해서 기후의 비옥한 대지에 사는 다양한 생물종들과 그 풍요로운 서식처도 유사한 위기에 처해 있다. 한 지역에서 이러한 서식처들의 마지막 잔재가 파괴될 때, 예를 들면 산맥이 개간되고 남은 마지막 산등성이, 또는 하류의 댐이 넘쳐 흐르고 그 마지막 급류가 지나간 곳에서 종들은 집단으로 절멸된다. 처음 서식지의 90퍼센트가 감소하면 생물 종수의 반이 감소한다. 그리고 그 나머지인 처음 서식지의 10퍼센트가 감소하면 나머지 절반의 생물종이 사라진다.

현재 진행되고 있는 서식지 변질 속도가 멈추지 않고 계속된다면, 다가오는 30년 안에 인간의 행동으로 인해서 지구상 생물종의 20퍼센트 또는 그 이상이 사라지거나 초기 멸종에 회부될 것이라는 것은 주관적이지만 매우 신빙성이 있는 추측이다. 선사시대 이래로 오늘날까지 인류는 이미 생물종의 10퍼센트에서 20

생물 다양성의 가치

퍼센트를 멸종시켜 왔다. 예를 들어 섬 지역에서 일어난 불균형적인 멸종까지 고려해서 추산하면, 새들의 종수는 1만 2000종에서 9000종으로 25퍼센트 감소했다. 몸집이 큰 포유류나 조류와 같은 대형 분류군에 속하는 동물들의 대부분이 수렵 채집자들의 집단 이주와 수천 년 전 토지를 경작하는 사람들의 인구 증가로 인해 세계의 구석구석에서 멸종되어 왔다. 식물과 무척추동물의 멸종 수는 훨씬 더 적은 것으로 보이지만, 실제 자연 상태에 대해 추정하기에는 고고학적 매장물과 화석 매장물들이 너무 적다. 선사 시대부터 현재에 이르기까지 지속된, 그리고 다음 수십 년 동안 이어질 인간의 강력한 영향력은 6500만 년 전에 있었던 중생대가 끝난 이래로 또 한 번의 대멸종을 만드는 변동을 예고하고 있다.

인류 출현 전에 존재했던 전 세계 생물종의 10퍼센트가 이미 사라졌고, 단호한 조치가 취해지지 않는다면 또 다른 20퍼센트가 아주 빠르게 사라질 운명이라고 생각해 보자. 어떤 조처가 취해지든 상관없이 잃어버린 작은 부분은 인간에게 의미가 있는 그 어떤 시기에도 진화에 의해 복구될 수 없다. 과거 5억 5000만 년 동안 있었던 다섯 번의 대변동들을 각각 살펴보면, 그 생명을 회복하는 데 약 1000만 년의 자연적인 진화가 필요했다. 그런데 지금 인간이 단 한 세대에 해치우는 일은 다가오는 모든 시기에 살아갈 우리 후손들을 피폐하게 하는 것이다. 그러나 그래서 어떻단 말인가? 단지 생물종들의 반만 살아남는다고 해도 그것만으로

우리는 지금도 야생을 산다

도 충분히 생물 다양성이 유지될 텐데 뭐가 문제란 말인가? 이렇게 되묻는 비판적인 반응도 있다.

이에 대한 나를 포함한 자연보호론자들의 대답은 생물 다양성이 제공하는 방대한 물질적 풍요가 위험에 처해 있다는 것이다. 야생종들은 새로운 제약, 농작물, 섬유, 펄프, 석유 대체품, 토양과 물의 복원을 통한 미개발 자원들이다. 이 주장은 명백한 사실이고 확실히 반보존자유주의자들의 진로와 주장을 막을 수 있다. 그러나 이런 주장은 배타적으로 적용될 때 위험을 초래할 수 있는 실제적인 허점을 가지고 있다. 만약 생물종들을 그들의 잠재적인 물질적 가치로만 판단한다면 그들에게 가격이 매겨질 것이고, 그 가격이 적당할 때는 부를 만드는 다른 자원들과 거래되다가 끝내 버려질 것이다. 그러나 누가 인류에게 미칠 특정 종의 궁극적 가치를 판단할 수 있겠는가? 더욱이 그 생물종이 즉각적인 이득을 주든 그렇지 않은 간에, 다음 세기의 연구에서 무슨 이익을 줄 것인지, 어떤 과학적 지식을 제공할 것인지, 또는 인간 정신을 위해 무엇을 할 것인지를 측정할 수 있는 아무 기준도 없다.

결국 나는 대단히 설명하기 힘든 '정신'에 관한 논쟁에까지 왔고, 그 정신과 관련해서 생명 애착과 환경 윤리를 연결하는 지점에 와 있다. 우리를 제외한 다른 모든 생명체들에 대한 도덕적 사고의 커다란 철학적 구분은 '다른 생물종들은 존재에 대한 본유적인 권리를 가지는가 그렇지 않은가'에 있다. 수학 법칙과도 같이 도덕적 가치가 인간 밖에 존재하든 정신이 그러한 것처럼 도덕성 또한 자연 선택을 통해 인간의 마음에서 진화된 특유의 구조이든 간에 생물의 존재에 대한 본유적 권리에 대한 물음이 가장 근본적인 질문이다.

인간 외에 어떤 생물종이 고도의 지능과 문화를 이루어 왔다면 틀림없이 그 생물은 인간과는 다른 도덕적 가치를 형성해 왔을 것이다. 예를 들면 문명을 이룩하고 사는 흰개미들은 아프거나 다친 개체들에 대한 살육을 용인하고, 개별적 번식을 금지하며, 상호 교환에 대한 신성한 맹세와 동료들의 배설물을 소비하는 행동을 한다. 요컨대 흰개미의 정신은 사실 오싹할 정도로 인간의 정신과 엄청나게 다르다. 진화적 관점에서 보면, 도덕적 사고 구조는 일정한 감정과 다양한 지식을 만들고 지속시키는 학습 법칙이다. 도덕적 사고 구조는 인류의 생존과 생식에 기여했기 때문에 유전적으로 진화되어 왔다.

두 상반되는 주장들 중 첫 번째 것, 즉 생물종은 보편적이고 독립적인 권리를 갖는다는 주장은 인간이 그것에 대해 어떻게 느끼건 상관없이 사실일 수 있다. 이 주장이 받아들여지는 한, 현존하는 생물들을 보존하려는 환경주의자들의 결단은 단호하다. 하지만 유물론적 주장만 하는 것이 위험한 것처럼 생물종의 권리만을 주장하는 것은 오히려 생물 다양성을 위협하는 위험한 행동이다. 그러한 논리는 그 직접성과 영향력에 대해서 직관적이고 연역적일 뿐 객관적인 증거는 없다. 당장에 떠오르는 의문은 '인간을 제외하고 누가 그러한 권리를 부여할 수 있는가?'이다. 그런

우리는 지금도 야생을 산다

권한을 부여하는 문서화된 기준이 어디 있는가? 비록 그런 권리
가 인정된다고 하더라도 그것은 늘 우선순위와 기분에 달린 문제
이다. 살아 있는 생물종의 권리에 대한 단순한 청원은 살아 있는
사람들의 원리에 대한 단순한 요구로 회답될 것이다. 가령 지역
경제의 생존을 위해 산림의 마지막 부분까지 모두 베어 버려야
한다면, 그 숲에 사는 수많은 생물종들의 권리는 더 보잘 것 없는
것으로 취급될 것이다.

생물종의 타고난 권리 문제는 미뤄 두고, 이제 우리 인간종의
유전적 필요에 기초한 확고하고 충분한 인류 중심적 윤리의 필요
성에 대해서 이야기하고자 한다. 잘 기록되어 있는 야생종의 잠
재적 유용성 외에도 생명의 다양성은 엄청난 심미적 정신적 가치
를 지녔다. 여기에 정리한 생각들은 많은 환경보호자들이나 윤리
학자들에게는 더 이상 낯설지 않은 이야기지만, 그 진화적 논리
는 비교적 새로운 것이며 거의 연구되어 있지 않기 때문에 다른
학자들에게 도전이 될 것이다.

생물 다양성은 창조 그 자체이다. 1000만 또는 그 이상의 생물
종이 여전히 생존하고 있고, 각각의 종은 수조의 뉴클레오티드
쌍과 더 작게는 수를 헤아릴 수 없는 천문학적인 유전자 재조합
형들에 의해 결정된다. 이것은 계속해서 진화가 일어나고 있는
하나의 장(arena)이다. 살아 있는 생명체들이 지구 전체 질량의 겨
우 10조 분의 1을 차지한다고 해도, 생물 다양성은 지금까지 알

생물 다양성의 가치

려진 우주에서 가장 많은 정보를 가지고 있는 부분이다. 다른 모든 행성들의 표면에 존재하는 것보다 지구상의 한 줌 흙 속에 더 많은 생명체와 복잡성이 존재한다. 만약 인류가 과학 지식으로 구성된 하나의 만족스러운 창조 신화(신화 그 자체는 인간 정신의 본질적인 한 부분인 것 같다.)를 가지고 있다면, 그 이야기는 생물 다양성의 기원에서 시작점을 찾을 것이다.

생물종들은 인류의 친척이다. 이러한 인식은 진화적 시간에서 볼 때 사실이다. 현화식물에서 곤충, 인간에 이르기까지 모든 진화된 진핵생물들은 약 1조 8000만 년 전에 살았던 하나의 조상 개체군에서 유래했다고 생각된다. 단세포 진핵생물과 박테리아들은 훨씬 더 먼 조상과 연결된다. 이런 먼 친척 관계는 유전 암호의 공유와 세포 구조의 기본적 특징들에 의해 결정된다. 인간은 다른 행성으로부터 온 외계인처럼 풍부한 생물권 안으로 연착륙한 것이 아니다. 인간은 이미 존재했던 다른 생명체들로부터 생겨난 것이다. 이 생명체들의 엄청난 다양성은 새로운 형태의 생명을 창조해 내기 위해 계속되는 실험을 거친 끝에 결국 우연히 인류를 만들어 낸 것이다.

한 나라의 생물 다양성은 세계적인 유산의 일부분이다. 각각의 국가는 그들 자신의 식물종과 동물종을 망라하는 하나의 집합을 가지고 있으며, 거의 모든 나라가 그 나라에서만 관찰되는 생물

우리는 지금도 야생을 산다

종과 지리적 변동을 가지고 있다. 이런 생물종의 집합들은 인간 출현 이전까지 거슬러 올라가는 시기의 종족들 간의 세력권 다툼의 깊은 역사가 반영된 것이다.

생물 다양성은 미래의 최전선이다. 인간은 끊임없이 확장되는 미래를 꿈꿔야 한다. 그 정신적 열망은 우주를 식민지화하는 것에 의해서도 채워질 수 없다. 다른 행성들은 황폐하고, 그곳까지 가기 위해서는 너무나 엄청난 비용이 든다. 가장 가까운 별조차도 가서 조사하고 돌아와서 보고하는 데만 수천 년의 시간이 필요할 정도로 멀리 있다. 인류의 실질적인 최전선은 지구 위의 생명체들이다. 그것들을 탐구하고 그것들에 관한 지식을 과학과 예술, 실용적인 일들로 바꿔 놓는 것이다.

이 진술을 입증할 수 있는 상황들을 간략히 반복하면, 식물과 동물과 미생물 종의 90퍼센트 또는 그 이상이 학명조차 없지만, 각각의 종들은 인간의 기준으로 볼 때 엄청난 진화적 연륜을 지니고 있다. 그들은 환경에 환상적으로 적응해 왔을 뿐만 아니라, 우리 주위의 생명체들은 그 복잡성과 아름다움에 있어서 인간이 경험했을 만한 그 어떤 것도 능가한다.

인류가 현재 남아 있는 생명체들과 유대를 맺는 방법들은 너무도 빈약하게 이해되고 있고, 새로운 과학적 연구와 대담한 미적 해설을 절실히 요구하고 있다. 자연 환경과 상호 작용에 뿌리를 두고 있으며, 유구한 인류의 역사에서 발원한, 그리고 지금은 인간 유전자 자체에 내재할 것 같은 심리적 현상들에 조금이라도 주목한다면, '생명 애착', 또는 '생명 애착설'이라는 신조어는 그 목적을 달성할 것이다. 이러한 연구는 환경의 생명 부분들이 빠른 속도로 사라져 가고 있는 상황에서, 단지 인간 본성을 더 잘 이해하기 위해서뿐만 아니라 그것으로부터 환경 윤리에 관한 더 설득력 있는 지적 확신을 만들어 내기 위해서 더 긴급하게 필요하다.

우리는 지금도 야생을 산다

인류는
자멸할 수밖에 없는가?

눈으로 뒤덮인 목성의 한 위성인 가니메데가 한 외계 문명이 숨어 사는 우주의 거주지라고 상상해 보라. 그곳의 과학자들은 수백만 년 동안 지구를 세심히 관찰하여 왔다. 가니메데의 법이, 다른 행성으로 이주하는 것을 금하고 있기 때문에 그들은 복잡한 감지 장치가 갖추어진 위성을 이용하여 숲과 초원, 툰드라 지역에서부터 산호초와 플랑크톤이 사는 드넓은 해양 목초지에 이르기까지 지구의 표면만을 탐지해 왔다. 그들은 빙하의 전진과 퇴각, 무차별적 화산 폭발에 의해 충격에 휩싸이곤 하는 기후의 1000년 순환을 기록해 왔다.

관찰자들은 '그 순간'이라고 불러도 좋을 때를 기다렸다. 불과 몇 세기가 지나 지질학적 시간으로 단지 한 순간에 불과한 시

인류는 자멸할 수밖에 없는가?

간이 지나고 그 순간이 오면, 숲들은 원래 그들이 덮고 있던 대지의 절반도 안 되는 면적으로 줄어든다. 대기 중의 이산화탄소 농도는 10만 년을 통틀어 가장 높은 수준으로 올라가고, 성층권의 오존층이 얇아져 북극에는 구멍이 뚫린다. 산화질소와 다른 독소들의 기둥들이 남아메리카와 아프리카에서 발생한 화재 때문에 생겨나 대류권 상층부에 자리 잡고, 대양을 가로질러 동쪽으로 이동해 간다. 밤이 되면 지표면은 수백만의 작은 별빛들로 반짝거리고, 그 불빛은 유럽과 일본, 북아메리카 동부에 걸쳐서 불길의 벨트를 이룬다. 페르시아 만 주변에서는 가스 폭발로 인해 반원형의 불길이 번진다.

이 모든 일이 필연적이었다. 만약 우리가 관찰자들을 만난다면 그들은 우리에게 '엄청나게 다양한 대형 동물들 중에서 결국 어떤 한 종이 지구를 지적인 면에서 지배하게 된 것 같다.'라고 말할 것이다. 그 역할은 500만~800만 년 전에 침팬지 계열에서 분리되어 나온 계통으로부터 아프리카에서 일어난 한 영장류인 호모 사피엔스에게 떨어진다. 이전에 살았던 어떤 생명체와도 다르게 우리는 지구의 동물군과 식물군의 구성뿐만 아니라 대기와 기후를 급속히 바꾸는 지구물리학적 힘이 된다. 인간종은 지난 50년 동안 폭발적인 인구 증가로 인구가 배로 늘어나 5.5조에 이르게 되었다. 다음 50년 동안 다시 인구는 그 두 배로 증가할 것이다. 진화의 역사에서 인간이 만든 특별한 원형질 덩어리를 비슷하게라도 흉내 낸 다른 어떤 생물종도 없었다.

우리는 지금도 야생을 산다

다윈의 주사위는 지구의 형편을 나쁘게 하는 쪽으로 굴러왔다. 많은 과학자들이 생각하듯이, 좀 더 상냥한 동물이 아닌 육식 영장류가 큰 발전을 이룬 것은 생태계에게는 엄청난 불운이었다. 우리 종은 파괴적 충동을 부추기는 유전적 형질을 지니고 있다. 우리는 종족 안에서 뭉치기를 좋아하고, 공격적으로 세력권을 방어하며, 최소한의 필요 이상으로 개인적인 공간을 가지려 하고, 이기적인 성격과 성적 욕구에 의해 행동한다. 가족과 종족의 수준을 넘어선 협동은 어려운 일이다.

더욱 심각한 것은 육식에 대한 우리의 선호이다. 이것은 태양 에너지를 낮은 효율로 이용하도록 만든다. 식물 조직에서 광합성에 의해 고정된 태양 에너지의 10퍼센트가량이 초식 동물들의 조직 안에 에너지로 변환되는 것이 일반적인 법칙이다. 다시 그 양의 10퍼센트가 초식 동물을 먹는 육식 동물에게 도달한다. 마찬가지로 그중 10퍼센트만이 포식 동물들에게 전달된다. 녹색 생산 과정에서 고정된 에너지는 습지 식물에서 메뚜기로, 딱새에서 매에 이르는 습지의 먹이 사슬을 거치면서 1000분의 1배로 줄어드는 것이다.

바꿔 말하면, 한 마리의 매를 지탱하는 데 엄청난 양의 초본이 소모된다. 매처럼 고기를 먹는 인간도 언제나 식물로부터 두서너 단계 위 먹이 사슬의 끝에 위치하는 육식 동물이다. 예를 들어 닭을 먹으면 두 단계, 참치를 먹으면 네 단계를 거치게 된다. 오늘날 많은 사회가 채식주의자의 식단을 고집함에도 불구하고,

인류는 자멸할 수밖에 없는가?

인간은 살아 있는 세계의 많은 부분들을 게걸스럽게 먹어치우고 있다. 우리는 농작물과 목재를 소비하고, 건물과 길을 만들고, 황폐한 지역을 넓히면서 자연 식생에 고정된 태양 에너지의 20~40퍼센트를 착복하고 있다. 더 많은 음식을 찾기 위해 냉혹하게도 호수와 강, 그리고 점점 더 많은 해양에서 동물들의 삶을 축소시키고 있다. 곳곳에서 공기와 물, 심지어 지하수까지 오염시키고 생물종을 멸절시키고 있다.

한마디로 인간은 환경에 해악을 끼치고 있다. 잘못된 생물종의 지능이 생물권에 대한 치명적인 조합으로 미리 정해졌을 가능성도 있다. 지능은 그 자신을 멸절시킨다는 것이 어쩌면 진화의 법칙일 수도 있다.

일반적으로 인정되는 이 음울한 시나리오는 인간 본성에 관한 저거너트 이론(사람들의 맹목적, 자기 파괴적 헌신이나 희생을 유도하는 믿음이나 단체를 말할 때 쓰인다.—옮긴이)에 기초하고 있다. 이 이론은 인간의 유전적 유산이 유전적으로 세상에 대한 책임 의식은 뒤늦게 가지도록 매우 이기적인 존재로 프로그램되었다고 설명한다. 각 개인은 자기 자신을 첫 번째로, 가족을 두 번째로, 종족을 세 번째로, 그리고 세계의 나머지 부분을 멀리 떨어뜨려 네 번째로 생각한다. 그들의 유전자는 그들로 하여금 대개 두 세대 앞서 계획하도록 만든다. 그들의 유전자는 사소한 문제와 일상생활에서 겪는 갈등으로 사람들을 속 타게 하고, 자신의 상태나 종족의 안전에 대한 하찮은 도전에도 신속하게, 그리고 종종 맹렬하게 반응하게 한다. 그러나 묘하게도, 심리학자들이 발견한 것처럼, 대단한 지진이나 엄청난 폭풍과 같은 자연 재해의 가능성과 충격에 대해서는 과소평가하게 만드는 경향이 있다.

이 근시안적인 혼동의 이유는 무엇일까? 진화 생물학자들은 200만 년 동안 존재해 온 사람속의 역사에서 최근 몇천 년을 제외하고는 이러한 특성이 실질적으로 유리하게 작용했을 것이라고 주장한다. 문자를 사용하기 이전에 수렵 채집의 협소한 집단 안에서 생활했던 긴 진화적 시간 동안 두뇌는 끊임없이 진화하여 지금의 형태를 이루었다. 삶은 불확실하며 짧았다. 가까운 미래와 조기 번식에만 면밀히 주의를 기울이도록 권장되었다. 한두 세기에 한 번 있을까 말까 한 거대한 재난들은 잊히거나 전설로 변했다. 인간의 마음은 한두 세대가 넘지 않는 기간을 보내며 불과 몇 년 사이에 엎치락뒤치락 하며 오늘날에도 그럭저럭 편하게 작동한다. 과거에 단기적 사고를 하게 하는 유전자를 가졌던 인간은 더 오랫동안 살아남았고, 그렇지 않았던 경우보다 더 많은 자손을 남겼다. 하지만 예언자들은 다윈주의적 이득을 얻지 못했다.

그런데 이 법칙들이 최근에 바뀌고 있다. 전 세계적인 규모의 위기들이 다음 세대에는 더욱 증가할 것이고, 이것은 젊은이들로 하여금 기성세대보다 환경에 대해 더 많은 걱정을 하게 만들고 있다. 환경에 영향을 미치는 인구와 기술들이 모두 기하급수적으로 증가함에 따라 시간의 척도도 단축되어 왔다. 기하급수적 증가는 복리에 의한 부의 증가와 근본적으로 같다. 인구가 많아지면 많아질수록 그 성장은 더 빠르다. 그리고 성장이 빠르면 빠를수록 인구는 즉각적으로 반응하며 계속해서 늘어난다. 다산 국가인 나이지리아에서는 1988년에 2억 1600만이었던 인구가 2010년에는 그 두 배가 될 것이라고 예상하고 있다. 만약 2110년까지 같은 비율로 성장한다면 나이지리아의 인구는 지금의 전 세계 인구를 능가하게 될 것이다.

세계 곳곳의 사람들이 더 나은 삶을 추구하면서 지원 탐색은 인구 증가보다 훨씬 더 빠르게 늘어날 것이다. 자원에 대한 수요는 매 10~15년 사이에 갑절씩 증가하는 과학 지식의 증가와도 맞먹는다. 환경을 좀먹는 기술들도 동등한 비율로 증가하며 훨씬 가속화될 것이다. 경작할 수 있는 토지나 음식, 깨끗한 물, 자연 생태계를 위한 공간 등 삶의 질을 결정하는 자원은 한정되어 있다. 일정한 간격마다 갑절씩 소비하는 이런 추세는 소름 끼칠 정도로 갑작스러운 재앙을 가져올 수 있다. 재생 불가능한 자원이 반 정도 사용되었을 때, 우리는 이미 그것이 끝장나는 시점에서 겨우 한 단계 전에 있는 것이다. 생태학자들은 종종 백합 연못에 관한 프랑스 수수께끼를 들어 이러한 논지를 주장한다. 처음에 그 연못에는 하나의 백합 부엽이 있었는데, 다음날 그 백합은 두 개로 늘어났고, 그 후 그것들의 각 자손은 배가 된다. 30일째가 되면 연못은 백합 부엽으로 가득 찬다. 그러면 정확히 연못의 절반이 백합 부엽으로 채워지는 때는? 답은 29번째 날이다.

수학 연습 문제는 제쳐 놓고라도, 누가 알려진 지구의 한계를

우리는 지금도 야생을 산다

극복할 인간의 능력을 측정할 수 있겠는가? 문제는 우리가 벼랑 가장자리에서 경주하고 있는지 아니면 환상적인 미래로 이륙하기 위한 속력을 내고 있는지 전혀 알 수 없다는 데 있다. 이것은 전례가 없는 일이고, 괴이하며, 이해의 한계를 넘는 것이기 때문에 더욱 혼란스럽다.

이런 불확실성 속에서 인간의 미래에 대한 견해는 대략 두 학파로 나뉜다. 첫째, 면책특권주의는 인간은 출중한 지성과 영혼을 지니고 있기 때문에 다른 모든 종을 결박하고 있는 생태의 원칙으로부터 예외가 된다고 주장한다. 문제가 심각할지라도, 문명화된 인간은 '독창력과 의지력 그리고 어쩌면, 신이 부여한 통제권에 의해 그 해결책을 찾을 것이다.'

인구 성장? 경제를 위해서 좋은 일이지. 몇몇 면책특권주의자들은 어떤 경우라도 인간의 기본 권리를 제한해서는 안 된다고 주장한다. 토양 고갈? 핵융합 에너지를 사용해 바닷물을 탈염분화하면 되고 전 세계의 사막들을 개간하면 되지. (근해에 수송 라인을 연결하기 위해 빙산을 끌어들이는 것이 이 과정에서 도움이 될지 모르지.) 생물들이 멸종한다고? 걱정할 일이 아니지. 그것이 자연의 순리라면 인간은 지질학적 시간에서 멸망을 기다리는 대기자들의 긴 줄맨 끝에 서 있다고 생각하자. 어떤 경우라도 우리 인간종은 구태의연하고 생각할 줄 모르는 자연을 자유롭게 이용하면서 생명의구별적인 질서를 창조해 왔으니까. 지금 진화는 이 새로운 궤도를 따라 진행되어야 한다. 그리고 마지막으로 자원? 만약 경제 발전에 따르는 공연한 걱정과 비합리적인 제한 없이 인간의 천재성이 새롭게 발생하는 문제들을 차례로 처리한다면, 우리의 행성은 영원히 지속되고도 남을 만큼 충분한 자원을 가지고 있다. 따라서 이대로 밀고 나가자. 그리고 제동은 살짝만 걸자.

이런 주장의 반대편에는 인간을 자연 세계에 견고하게 예속된 하나의 생물종으로 보자는 환경주의자들이 있다. 그들의 주장은 인간의 지능이 대단하고 성신노 얼징찍이지민, 그런 특성이 인간 조상이 진화해 온 자연 환경의 속박으로부터 우리를 자유롭게 하기에는 충분하지 않다는 것이다. 인간이 과거의 작은 문제들을 성공적으로 해결해 왔다는 것을 그러한 믿음의 근거로 내세울 수는 없다는 것이다. 지구의 살아 있는 자원들의 상당 부분이 이제 곧 소멸할 것이고, 지구의 대기 상태는 악화되고 있으며, 인구는 이미 위험 수위까지 증가했다. 건강한 환경의 원천인 자연 생태계는 회복 불가능한 상태로 쇠퇴하고 있다.

환경주의자들의 세계관의 중심에는 인간의 육체적, 정신적 건강이 이 지구를 상대적으로 변하지 않는 상태로 지탱하는 데 달려 있다고 믿는 신념이 있다. 지구는 유전적 의미에서 우리의 집이고, 인류와 그의 조상이 수백만 년을 진화하며 줄곧 살아온 곳이다. 숲과 산호초와 푸른 바닷물이 있는 자연 생태계는 세상을 우리가 지속되기를 바라는 지구의 모습 그대로 유지시킨다. 우리가 지구 환경을 악화시키고 생명의 다양성을 소멸시킬 때, 이해하기에는 너무 복잡하고 예측할 수 없는 미래에 스스로를 재

우리는 지금도 야생을 산다

생시키는 어떤 유지 체계가 붕괴될 것이다. 무한정으로 많은 행성들이 존재한다고 이론을 내세우지만 그들 대부분은 다 인간의 삶에 적합하지 않은 곳들이다. 근래에 가이아라고 불리기도 하는 우리의 어머니인 지구는 특화된 생명체들의 둥근 덩어리이고, 그 생명체들이 하루하루 창조해 나가는 물리적 환경이다. 환경주의자들은 혼란에 빠진 파일럿고래(pilot whale)의 거대한 무리처럼 우리가 우리 스스로를 낯선 해안가로 밀어 올리는 그런 위험을 초래하고 있다고 주장한다.

내 자신의 위치가 명백하지 않았다면, 지금 분명히 내 자신을 환경주의자들의 집단에 놓고자 한다. 나는 시간을 거꾸로 돌리기를 바랄 만큼 지독히 개혁적인 사람은 아니다. 나는 벌목을 방해하기 위해 전나무에 대못을 박지는 않을 것이다. 그리고 나는 생태여성주의(1970년대 후반에 등장한 사상으로 남성 중심의 가치와 삶의 방식이 세상을 황폐화시켰다고 주장하면서, 여성의 억압과 자연 생태계의 위기를 동일한 구조 속에서 보고 있다. ─옮긴이)와 같은 일종의 잡종 운동(hybrid movements)은 불편하게 느끼는 사람이다. 하지만 어머니인 지구는 모든 생명체를 위한 보육소이고, 구석기 시대와 원시 시대의 사회에서 그랬던 것처럼 경외의 대상이며 사랑 받아야 할 대상이다. 생태계의 오용은 남성 중심주의에 뿌리를 두고 있다. 즉 남성 지배적 사고와 가치와 제도에 기초하고 있다. 비록 내 자신이 남성 중심 문화의 산물이지만, 나는 거듭 거듭 더 높은 빈도로 이 문제를 심각하게 고려할 만큼은 개혁적인 사람이다. 인간 본성은 자기 파괴적인가? 환경 정복과 자기 증식의 욕구는 도저히 멈출 수 없을 만큼 우리의 유전자에 뿌리 깊이 박혀 있는 것일까?

나의 대답은 단호하다. 인간은 자멸적인 존재가 아니라는 것이다. 적어도 말 그대로 자멸할 수밖에 없는 존재는 아니라는 것이다. 우리는 문명을 위협할 만한 수준의 환경적 재앙을 피하기에 충분할 만큼 영리하며 그럴 만한 시간도 있다. 그러나 과학 기술의 방향을 재설정하도록 요구하기에는 만만치 않은 기술적 문제들이 있고, 우리 자신을 그저 하나의 생물종으로 보도록 하는 데에는 윤리적 문제들이 있다.

그럼에도 불구하고 우리의 미래를 희망적으로 보는 데는 이유가 있다. 언젠가는 여유롭게 '환경의 세기'라고 부를 수 있을 시대를 맞이할 수 있다고 믿는 이유 말이다. 1992년 6월 리우데자네이루에서 열린 국제 환경 개발 회의는 무려 120개국 이상의 국가수반들이 참석했다. 이것은 전례 없는 대규모의 모임이었고, 이 모임을 통해 환경 문제가 정치의 중심으로 이동했다. 1992년 11월 18일, 69개국의 권위 있는 과학자들이 인구 과잉과 환경 악화가 다가올 미래의 생명을 위험에 빠뜨리는 주요 원인이라는 내용의 '인류에 대한 경고(Warning to Humanity)'를 선포했다. 신학자들과 종교 지도자들이 환경의 난제를 도덕적 문제로 간주하면서 전 세계적으로 종교의 환경 친화가 진행되었다. 1992년 5월, 미국의 주요 종파 지도자들이 '환경을 위한 종교와 과학의 공동 호소'를 공식화하기 위해 미국 의회에 초대되어 과학자들과 공동 모임을 가졌다. 생물 다양성의 보존은 점차 정부와 주요 지주들에게 나라의 미래만큼이나 중요한 것으로 여겨지고 있다. 아시아 고유 식물종과 동물종의 보고인 인도네시아는 남아 있는 열대 우림을 보존하고 지속 가능한 한도 내에서 개발하도록 토지 경영 지침을 변경했다. 코스타리카는 국립 생물 다양성 연구소를 만들었고, 생물 다양성 연구와 관리를 위한 범아프리카 연구소가 짐바브웨에 설립되었다.

마지막으로, 희망적인 인구학적 조짐들이 있다. 비록 거의 모든 나라에서 아직까지는 인구 증가율이 0을 넘고 있으며 사하라 사막 이남의 아프리카 지역은 특별히 높은 수치를 기록하고 있지만, 거의 모든 대륙에서 그 증가율이 감소하고 있다. 오랜 관습과 종교적 신념에도 불구하고 가족 계획을 위해 피임약을 사용하려는 인구가 증가하고 있다. 인구학자들은 피임용품의 사용만으로도 인구를 20억 이상 감소시켜 결과적으로 안정화된 수준에 이를 수 있을 것이라고 추산한다.

요컨대, 의지가 있기에 희망이 있다. 그러나 무엇을 하든 간에 인류의 대부분이 고통을 겪을 것이라는 무서운 사실은 여전히 남는다. 절대 빈곤을 겪는 사람들의 수는 지난 20년 동안 10억에 이르도록 증가했으며, 10년이 지나면 또 10억 명이 증가할 것이라고 예상된다. 개발 도상국이 어떤 발전을 이루든 그 발전이 평균적인 생활 수준을 향상시키더라도, 그것은 지속적인 빠른 인구 증가와 계속되는 숲과 토양의 파괴로 위협받을 것이다.

우리의 희망은 생물 환경과 비생물 환경 사이에 중요하지만 거의 인식되지 않은 구분에 의해 훨씬 더 견고해져야 하고, 이것이 그 핵심 요소이다. 물리적 환경을 잘 관리하도록 과학적 방법과 정치적 방안이 마련될 수 있다. 인간의 손은 지금 그 물리적 환경의 항상성 위에 놓여 있다. 현재 여섯 배나 치솟아 있는 클로로플루오로카본(CFCs)을 다음 반세기 동안 감소시키는 작업을 수행하면, 오존층은 상층 대기권에서 대부분 회복될 수 있다. 또 훨씬 어렵고 초기 비용이 많이 들지만 이산화탄소와 다른 온실 가스들을 지구 온난화를 늦추는 농도로 되돌릴 수 있다.

그러나 생물학적 항상성을 유지하기 위한 인간의 손은 보이지 않는다. 자연 생태계와 거기에 속한 수백만의 생물종을 면밀히 관리하기 위한 방도는 아직 찾아볼 수 없다. 이것은 다음 세대들의 몫인지도 모르겠지만 생태계를 위해서는 너무 늦은 일이 될 것이고, 우리를 위해서도 너무 늦은 일이 될 것이다. 끝을 알 수 없는 창조의 범위에도 불구하고, 인류는 생물 다양성을 조금씩 무너뜨려 왔으며 현재의 추세가 계속된다면 지구는 한 세기 안에 황폐해질 운명에 놓여 있다. 대량 절멸이 지구 도처에서 보고되고 있다.

이러한 대량 절멸에는 말레이시아 반도의 민물 어류의 절반, 오아후 섬에 사는 41종의 나무 뱀 중 절반, 테네시 강 여울에 사는 68종의 민물 홍합류 중 44종, 에콰도르 센티넬라 산맥에 서식하는 90종의 식물들과 미국 전역에 서식하는 약 200종의 식물들

　　　　　　　　우리는 지금도 야생을 산다

이 사라진 것 등이 포함된다. 그 밖에도 멸종 위험에 직면해 있는 것으로 분류되는 680종과 그 아종들이 있다. 주된 원인은 자연 서식지, 특히 열대 우림의 파괴에 있다. 그리고 바로 그 이면에는, 특히 하와이 제도와 다른 섬들에서 볼 수 있는 엄청난 번식력으로 고유종들을 절멸시키는 설치류와 돼지, 까끄라기 풀, 란타나 등의 열대 생명체들의 유입이 있다.

전 세계적으로 생물 다양성을 연구하는 수천 명의 생물학자들은 현재 일어나고 있는 생물 멸종의 아주 작은 부분만을 그들이 목격하고 기록하고 있다는 사실을 알고 있다. 그들은 수백만 종 중에서 오로지 아주 미소한 비율만을, 그리고 지구 표면의 아주 작은 부분의 연간 추이만을 추적할 수 있는 장비를 가지고 있기 때문이다. 그들은 이런 상황을 특징지어 줄 수 있는 보편적인 기준을 고안했다. 즉 교란 전후의 서식지에 대한 주의 깊은 연구를 행할 때마다 거의 언제나 멸종이 드러난다. 추론하면, 거의 대부분의 멸종이 결코 관찰되지 않는다는 것이며, 엄청난 수의 생물종이 발견되고 명명되기도 전에 사라진다는 것이다.

그럼에도 불구하고 간접적으로 그 멸종 비율을 추산할 수 있는 방법이 있다. 전 세계의 강과 바다에서 독립적으로 행해지는 연구들은 서식지의 크기와 그것이 포함하고 있는 생물 다양성의 크기 사이에 확고한 관계가 있다는 것을 밝혀냈다. 서식지 면적의 작은 유실조차도 그에 해당되는 생물종의 감소로 이어진다. 서식지 면적이 원래 면적의 10분의 1로 줄어들면, 생물종은 대략

인류는 자멸할 수밖에 없는가?

반으로 줄어든다. 대다수의 지구 생물종의 은신처로 생각되는 열대 우림(환경보존주의자들이 열대 우림에 관한 많은 정보를 얻고 있기 때문에)은 대략 이 수준으로 감소하고 있다. 지금까지 감소된 크기는 대략 미국 본토의 48개 주를 합친 크기와 비슷한 면적이며, 역사 시대 이전에 차지했던 면적의 절반이 조금 안 되는 면적이다. 그리고 열대 우림은 매년 족히 1퍼센트 이상 줄어들고 있는데, 이는 플로리다 주의 절반에 해당하는 면적이다. 만약 이 상상식인 세산(90퍼센트의 면적 손실이 궁극적으로 50퍼센트의 멸종을 가져온다는)을 적용하여 전 세계 열대 우림 파괴에 의한 멸종 비율을 객관적으로 따져 보면, 지구상의 모든 식물과 동물과 미생물을 합친 종수의 0.3퍼센트에 해당한다.

면적의 감소와 다른 멸종 요인을 함께 고려했을 때, 2020년까지 20퍼센트 또는 그 이상의 열대 우림 종이 감소할 것이며, 이 수치가 현 세기의 중반에 이르면 50퍼센트로 증가할 것임을 어렵지 않게 예측할 수 있다. 만약 현재의 추이를 바꾸기 위한 어떤 노력도 하지 않는다면 말이다. 이에 견줄 만한 침식이 지금 공격받고 있는 다른 환경들에서 진행되고 있다. 여기에는 오스트레일리아 서부와 남아프리카, 캘리포니아에 있는 많은 산호초들과 지중해성 비옥한 대지가 포함된다.

현재 진행되고 있는 멸종은 인류에게 의미를 가지는 어떤 기간 내에 진화에 의해 다시 회복되지 않을 것이다. 현재 종의 소멸은 새로운 종의 생성보다 수천 배나 빠른 속도로 진행되고 있다.

우리는 지금도 야생을 산다

과거 지질학적 시대에는 한 종과 그 후손들의 평균 수명이 (연체동물 또는 극피동물 또는 현화식물처럼) 그 종이 속해 있는 분류군에 따라 100만 년에서 1000만 년까지 다양했다. 과거 5억 년 동안 인류의 확산으로 인한 멸종에 비교될 만한 다섯 번의 대멸종이 있었다. 지구와 한 소행성의 충돌에 의해 일어난 것으로 보이는 마지막 대멸종은 6600만 년 전 파충류의 시대를 종식시켰다. 각각의 경우에 그 생물 다양성을 완전히 보충하기 위해 1000만 년 이상의 진화를 거쳐야 했다. 그러나 인간에 의한 멸종과 다른 점은 자연 환경이 교란되지 않았다는 것이다. 인류는 지금 진화가 일어날 수 있는 대부분의 서식지를 파괴하고 있다.

지구 생물권의 대부분이 많은 측면에서 알려지지 않은 채로 남아 있다. 실용적인 면에서, 우리는 어떤 종들이 새로운 제약, 농작물, 섬유, 석유 대체물, 다른 생산품을 개발하는 방법을 제시할지를 상상조차 하지 못하고 있다. 우리는 다른 생명체들이 물을 정화시키고, 토양을 기름지게 하고, 우리가 숨쉬는 바로 그 공기를 만드는 작업을 하는 생태계의 작용에 대해 별로 아는 바가 없다. 우리는 엄청나게 다양한 자연 세계가 우리의 심미적 즐거움과 정신 건강에 미치는 영향을 느끼기는 하지만 완전히 이해하지는 못하고 있다.

과학자들은 사라져 가는 생물권을 관리할 준비가 되어 있지 않다. 그들에게 주어진 다음의 임무를 생각해 보자. 우림에 마지막까지 남아 있던 것들이 이제 막 사라지려고 한다. 환경주의자들은 난처한 상황에 놓인다. 계약서에 서명이 이루어지고, 지주와 정치가 들은 서로 양보하려고 하지 않는다. 한 팀의 과학자들이 특별한 방법으로 생물 다양성을 보존하기 위해 마지막 시도를 한다. 그들의 과제는 다음과 같다. 벌목이 시작되기 전에 모든 생명체들의 표본을 신속히 수집하고, 그 종들을 동물원이나 식물원 또는 실험실로 보내거나 액체 질소로 조직의 표본들을 냉동시켜 보관한다. 그리고 마지막으로 그 전체 생물 군집이 경제적, 사회적 상황이 개선된 훗날 빈 땅 위에 다시 재구성되게 한다.

수천 명이 10억 원의 예산을 가지고 달려들지 않는 한 생물학자들은 이 과업을 이룰 수 없다. 그들은 이 일을 어떻게 할지 상상조차 못할 것이다. 숲 속 한 서식처에 생물종의 군단이 살고 있다. 아마 300종의 새, 500종의 나비, 200종의 개미, 5만 종의 딱정벌레류, 1000종의 나무, 5000종의 균류, 수만 종의 박테리아, 그리고 주요 분류군의 긴 명부에 실린 다양한 것들. 각각의 종은 특정 장소와 정확한 미기후, 발달 단계에 따라 특별한 영양분과 온도와 습도를 요구하는 정밀한 생태적 지위를 차지하고 있다. 아마도 대부분의 종들이 다른 종들과 공생 관계를 맺고 있고, 그들의 파트너와 정확하고 특수한 관계를 설정하고 있지 않으면 생존과 생식을 할 수 없을 것이다.

생물학자들이 맨해튼 프로젝트에 견줄 만한 그 분류학 프로젝트를 성공적으로 수행했다 하더라도, 즉 그 모든 종들을 분류하고 보존한다 하더라도, 군집을 다시 만들 수는 없을 것이다. 그

우리는 지금도 야생을 산다

것은 숟가락으로 이미 풀어 놓은 달걀을 원래대로 되돌리는 것과 같다. 토양을 소생시키기 위해 필요한 미생물학에 대해서는 거의 알려진 것이 없다. 대부분의 꽃들의 꽃가루 매개자와 그 시기에 대해서도 단지 추측만 할 뿐일 것이다. 영구적인 공존을 위해 군집을 이루어야만 하는 종들의 '집단 구성 규칙'은 여전히 이론의 영역으로 남아 있다.

다른 생명체를 무시해 버림으로써 면책특권주의는 분명 실패할 것이다. 매번 발생하는 위기를 해결할 것처럼 보이는 과학적 재능과 기업가적 능력이 기울어지는 생물권을 비슷한 방법으로 조작할 수 있다고 생각하겠지만 하나의 정원 안에 옮겨 놓기에 세계는 너무 복잡하다. 인간에 의해 조정될 수 있는 생물학적 평형은 없다. 그렇지 않다고 믿는다면 지구의 대부분이 불모지로 변할 것이다.

면책특권주의자들에 비해 열의가 덜해 보이는 신중한 환경주의자들의 관점은 보다 현실적이다. 그들은 인구와 경제 압력에 의해 일찍이 유래가 없는 병목으로 들어가는 인류를 본다. 그 반대편으로 가기 위해서는 50~100년 안에 더 많은 과학과 기업가 정신이 전 세계적 환경 안정화에 힘을 기울여야 할 것이다. 오직 인구 증가를 멈추고 지금까지 했던 것보다 훨씬 현명하게 자원을 사용해야만 그것을 성취할 수 있다고 전문가들은 합의한다. 그리고 인간에게 도움이 되도록 생태계가 이해되고 사용될 그날까지 생물계의 현명한 이용은 살아남은 생태계들을 보존하고 그들이

담고 있는 생물 다양성을 구하기에 충분하도록 그들을 면밀하게
관리하는 것을 의미한다.

출전

뱀의 변신

"The Serpent," from the chapter of that title in *Biophilia*(Cambridge, Mass.: Harvard University Press, 1984), pp. 83-101. Copyright © 1984 by the President and Fellows of Harvard College.

상어를 분류하는 기준

"In Praise of Sharks," from an article of that title in *Discover*, 6(July 1985): 40-53. Copyright © 1985 Discover Magazine.

개미 사회의 위대한 성공

"In the Company of Ants," *Bulletin of the American Academy of Arts and Sciences*, 45, no. 3(1991): 13-23.

개미들의 만찬

"Ants and Thirst," published as "Altruism and Ants," in *Discover*, 6(August 1985): 46-51. Copyright © 1985 Discover Magazine.

이타주의와 공격성

"Altruism and Aggression," published as "Human Decency Is Animal," *New York Times Magazine*, October 12, 1975, pp. 38-50.

231

멀리서 바라본 인간

"Humanity Seen from a Distance," published as part of "Comparative Social Theory", in *The Tanner Lectures on Human Values*, vol. 1(Salt Lake City, University of Utah Press, 1980), pp. 51-58. Reprinted courtesy of the University of Utah Press, Cambridge University Press, and the Trustees of the Tanner Lectures on Human Values.

유전자와 문화

"Culture as a Biological Product," published as "The Biological Basis of Culture", in Joseph Lopreato, ed., *Sociobiology and Sociology*, a specialmonograph in *Revue internationale de sociologie*, n.s.,3(1989): 35-60

극락조의 재구성

"The Bird of Paradise: The Hunter and the Poet, Science and the Humanities," from "The Bird of Paradise", in *Biophilia*(Cambridge, Mass.: Harvard University Press, 1984): pp. 51-55. Copyright © 1984 by the President and Fellows of Harvard College.

세상은 작은 것들이 움직인다

"The Little Things That Run the World," published in *Conservation Biology*, 1(1987): 344-346. Reprinted by permission of Blackwell Science, Inc.

계통 분류학의 시대

"Systematics Ascending," published as "The Coming Pluralization of Biology and the Stewardship of Systematics," *BioScience*, 39(1989): 242-245. Copyright © 1989 American Institute of Biological Sciences.

생물 다양성의 가치

"Biophilia and the Environmental Ethic," published as "Biophilia and the Conservation Ethic", in S. R. Kellert and E. O. Wilson, eds., *The Biophilia Hypothesis*(Washington, D.C., Island Press 1993), pp. 31-41.

인간 본성은 자멸적인가?

"Is Humanity Suicidal?" published in the*New York Times Magazine*, May 30, 1993, pp. 24-29.

찾아보기

찾아보기

옮긴이 최재천

서울 대학교를 졸업하고 하버드 대학교 생물학과에서 박사 학위를 받았다. 하버드 대학교 전임 강사, 미시간 대학교 조교수, 서울 대학교 교수를 거쳐 현재는 이화 여자 대학교 에코 과학부 석좌 교수로 재직하고 있다. 분과학문의 경계를 넘어 새로운 지식을 만들어 내고자 설립한 통섭원의 원장이며, 2013년부터 국립생태원 초대 원장으로 있다. 미국 곤충학회 젊은 과학자상, 대한민국 과학 문화상, 국제 환경상, 올해의 여성 운동상 등을 수상했고, 『개미제국의 발견』으로 한국 백상 출판문화상을 수상했다. 저서로 『다윈 지능』, 『거품예찬』, 『생명이 있는 것은 다 아름답다』, 『당신의 인생을 이모작하라』, 『대담』(공저), 『호모 심비우스』 등이 있으며, 『통섭: 지식의 대통합』, 『인간의 그늘에서』, 『인간은 왜 병에 걸리는가』, 『생명의 기억』 등을 번역했다.

옮긴이 김길원

한국 교원 대학교 생물교육과를 졸업하고, 프랑스 낭시 대학교에서 동물행동생태학 연구로 박사 학위를 받았다. 미국 위스컨신 대학교 연구원, 서울 대학교 계약제 조교수를 거쳐 현재는 인천 대학교 생명과학부에 교수로 재직하고 있다. 거미류에서의 사회성 진화 메커니즘 연구를 비롯해 꿀벌 말벌 등 사회성 동물의 행동과 생태에 대해 연구하고 있다. 『동물의 새끼 기르기』, 『동물의 이동』, 『동물의 집짓기』 등의 책을 썼으며, 『동물행동학』(공역) 등의 번역서가 있다. 일본 생태학회 생태학자상, 환경정책 제안 공모 환경부 장관상 등을 수상했다.

우리는 지금도 야생을 산다

1판 1쇄 찍음 2016년 7월 15일
1판 1쇄 펴냄 2016년 7월 22일

지은이 에드워드 윌슨
옮긴이 최재천, 김길원
펴낸이 박상준
펴낸곳 (주)사이언스북스

출판등록 1997. 3. 24.(제16-1444호)
(우)06027 서울특별시 강남구 도산대로1길 62
대표전화 515-2000 팩시밀리 515-2007
편집부 517-4263 팩시밀리 514-2329

www.sciencebooks.co.kr
한국어판 ⓒ (주)사이언스북스, 2016. Printed in Seoul, Korea.
ISBN 978-89-8371-787-0 03990